HISTOIRE

D'UN

BON PRÊTRE

OU

Vie de Mgr Paul Malabat

CHANOINE DE L'ORDRE DES ÉVÊQUES DE NOTRE-DAME DE LORETTE

PRÉLAT DE SA SAINTETÉ

MISSIONNAIRE APOSTOLIQUE

CURÉ

Par le Chanoine d'ANDRÉ

Dilectus Deo et hominibus, cujus memoria in benedictione est.

Il fut cher à Dieu et aux hommes, et sa mémoire reste en bénédiction.

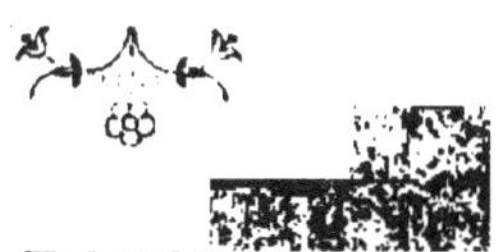

PARIS

IMPRIMERIE DES ORPHELINS-APPRENTIS

40, RUE LA FONTAINE, 40

1901

HISTOIRE D'UN BON PRÊTRE

HISTOIRE

D'UN

BON PRÊTRE

OU

Vie de Mgr Paul Malabat

CHANOINE DE L'ORDRE DES ÉVÊQUES DE NOTRE-DAME DE LORETTE

PRÉLAT DE SA SAINTETÉ

MISSIONNAIRE APOSTOLIQUE

CURÉ

Par le Chanoine d'ANDRÉ

Dilectus Deo et hominibus, cujus memoria in benedictione est.

Il fut cher à Dieu et aux hommes, et sa mémoire reste en bénédiction.

PARIS

IMPRIMERIE DES ORPHELINS-APPRENTIS

40, RUE LA FONTAINE, 40

—

1901

Je dédie cette Biographie à tous ceux qui ont connu, apprécié et aimé, comme moi, Mgr Paul Malabat. Je la dédie surtout à son bon et cher frère, Jules Malabat, propriétaire au château d'Ochancourt, à sa dame Augusta du Val de la Croix, à la veuve de son excellent frère Eugène, Maria Maquigny, et à ses bien-aimés enfants Joseph, Marguerite, Antoinette, Claire et Augusta Malabat.

Daigne Dieu les bénir et les combler de grâces !

Monseigneur MALABAT

PROLOGUE

L'Église de France a le droit d'être fière de son clergé.

Tous ses Prêtres, j'ose le dire, sont plus remplis que jamais d'œuvres et de mérites, de vertus et de science.

Parmi eux, j'en connais un digne de tout respect, de tout amour et de toute vénération par la sagesse de ses vues, par l'énergie de son caractère, par l'élévation et la sûreté de sa doctrine, par l'intelligence et le courage du devoir, par son esprit de zèle et de conseil, et par la sainteté d'une vie consacrée tout entière à la gloire de Dieu et au salut des âmes.

Ne semble-t-il pas que je devrais me taire ! Car un Maître incontesté de la parole a déjà glorifié, lors de ses noces d'argent, celui qui restera l'honneur de son diocèse.

Et nul discours, d'ailleurs, n'égalera cet éloge de tout un peuple dans l'admiration et la reconnaissance, redisant cette pure et laborieuse existence d'un curé à tous points excellent.

Je n'ai qu'à recueillir sur les lèvres de tous quelques-unes des louanges qui s'en échappent, et qu'à être l'humble écho de l'attendrissement et du ravissement qui éclatent partout.

Je n'élèverais pas la voix, si je ne devais remplir la tâche agréable que m'impose une vieille et bien douce amitié. Et qu'on me pardonne, si je ne puis le faire sans y ajouter l'émotion des souvenirs personnels dont mon âme est remplie.

N'attendez pas, cependant, que j'essaie de tracer, même d'une main rapide, l'histoire entière de la vie de Mgr Paul Malabat, chanoine de l'ordre des évêques de l'insigne Basilique de Notre-Dame de Lorette, prélat de Sa Sainteté, missionnaire apostolique et curé. Ce serait l'amoindrir que d'en étudier les détails; et c'est par les sommets qu'il faut la regarder.

Aussi, de l'homme que les siens chérissaient comme leur conseil et leur honneur, que tant d'âmes vénéraient comme un père, que tout le monde admirait comme l'un des plus actifs ouvriers de l'Évangile, du curé si estimé et si aimé de ses paroissiens, je ne dirai qu'un mot pour tout éloge : *erat enim sacerdos*, en vérité, Mgr Paul Malabat était un prêtre et le meilleur des prêtres !...

Son nom est de ceux qui, jusque dans une postérité lointaine, symboliseront le mieux quelques-une des qualités les plus fécondes et des vertus les plus hautes de notre temps. Il est béni, et son souvenir ne périra pas !

Cela nous fera du bien au cœur de nous arrêter un instant devant cette belle figure, ne fût-ce que pour trouver quelques consolations aux tristesses du présent dans les joies et les admirations du passé !!!

—◆❧•:o:•❧◆—

La gloire du sacerdoce n'est pas dans les honneurs que lui rendent les peuples. Car, hélas! sous les fleurs se cachent tant d'épines!

La gloire du sacerdoce, ce n'est même pas cette haute sagesse, puisée dans une vie de recueillement et d'étude, et dans la direction des intérêts les plus sacrés et des affaires les plus graves.

La gloire du sacerdoce, c'est de donner, d'entretenir et de développer, dans le monde, la vie de Jésus-Christ. Un saint prêtre, pour une paroisse, parfois même pour toute une région, sur lesquelles rayonnent sa science et sa vertu, est comme un reflet de la lumière éternelle. Et la sainteté de son état et de son ministère font passer sur les hommes comme l'ombre de la majesté de Dieu, tandis que les grâces et les miséricordes, dont il est le dépositaire et l'organe, donnent le droit de le saluer comme la personnification de la bonté infinie du Seigneur.

L'éloge de Mgr Paul Malabat, chanoine de l'ordre des Evêques de l'insigne Basilique de Notre-Dame de Lorette, prélat de Sa Sainteté, missionnaire apostolique et curé, a déjà été fait par l'admiration et la vénération des fidèles et des prêtres.

Lorsque, il y a trois cents ans, vivait dans la capitale de France saint Vincent de Paul, l'illustre fondateur des Lazaristes et des Filles de la Charité, le peuple de Paris, en apprenant à le connaître, résumait dans ce seul mot ses œuvres magnifiques et ses vertus incomparables : C'est Vincent, le bon Père!

Et ce cri, ce suffrage unanime était jugé suffisant à la gloire du grand homme et du prêtre admirable, sans qu'aucun discours osât rien y ajouter.

Or, cette canonisation populaire, qui rendait inutile toute autre louange, pour l'incomparable apôtre de la Charité, ne devrait-elle pas aussi me dispenser de faire l'éloge de son digne disciple et vénéré compatriote ?

Mais j'ai un autre dessein. C'est celui de payer à ce prêtre éminent un tribut d'amitié et de reconnaissance, et de montrer à mes confrères un grand modèle à suivre.

Il est bon, il est utile, aux jours où nous vivons, de ne pas laisser perdre les plus nobles exemples de toutes les vertus.

Oh ! quelles actions de grâces que celles qui doivent monter vers Dieu, pour avoir donné à un diocèse et à l'Eglise un homme aussi richement doué de tous les dons du Ciel !

Quelle louange, sans flatterie, que celle à rendre à tant de mérites, et à des qualités si pleines et si exceptionnelles !

Je me sens écrasé sous la tâche. Il me faudrait les ressources de cet esprit supérieur pour redire tout ce qu'il a été.

Pourquoi le cœur ne suffit-il pas en pareille circonstance ? Le mien, du moins, va se donner tout entier dans l'évocation de cette grande et vénérée mémoire.

D'ailleurs, votre estime et votre admiration

sont déjà acquises à cette existence écoulée au grand jour de la célébrité !

Voilà ce qui me rassure en entreprenant de vous tracer, en quelques pages, la vie si édifiante de Mgr Paul Malabat, de ce prêtre si tendre et si ferme, si docte et si paternel, qui m'honora de sa confiance et de son affection.

J'eusse préféré ne faire entendre que de Dieu seul la voix de mes prières, de mes sympathies et de ma vénération ; mais il est des devoirs qui s'imposent ; et il faut qu'un hommage solennel soit rendu à celui que nous aimons toujours, et que nous admirons comme un père et un saint ! ! !

HISTOIRE D'UN BON PRÊTRE

I

Dans le département des Landes, près de Mont-de-Marsan, sur les bords riants de Lestrigon, se trouve le village de Brocas.

Là, le 29 décembre 1832, naquit Paul Malabat, de parents profondément honorables et chrétiens, qui jouissaient d'une assez grande aisance et d'une considération beaucoup plus grande encore.

Les origines de cette belle existence furent toutes modestes, passées aux champs et à l'ombre de l'église. Mais, si elles furent simples, elles furent aussi très douces, très saintes, singulièrement pures et marquées visiblement du sceau d'une divine prédestination.

Enfant de cette vieille Lande, où le sol est pauvre, mais où le cœur est riche, Paul se fit remarquer, dès l'âge le plus tendre, par cette piété vive et ardente, qui, depuis, l'a toujours distingué.

Sa beauté, sa grâce et sa sagesse lui méritèrent le surnom de « Petit-Ange », qui lui resta longtemps. Son âme, candide et franche, se plaisait dans les choses de Dieu.

Il respirait, d'ailleurs, une atmosphère tout imprégnée des parfums du Ciel. Au foyer domestique, la vertu se montrait continuellement à lui sous la figure attrayante d'un père et d'une mère éminemment honnêtes et religieux. Famille vraiment privilégiée, où Dieu était servi, comme il veut l'être, en esprit et en vérité !

Ses grands-parents, pendant les mauvais jours de la Révolution, avaient plusieurs fois donné asile à des prêtres proscrits, qui venaient furtivement, la nuit, dresser un autel et célébrer le saint sacrifice de la Messe, dans l'appartement le plus retiré de la maison.

Ces pieux souvenirs, conservés dans la famille comme un riche patrimoine de gloire, et racontés souvent, le soir, avaient fait sur le cœur du jeune Paul une impression profonde.

Plus tard, devenu lui-même ministre de Jésus-Christ, il se plaisait à les rappeler.

Et il remerciait la divine Providence de l'avoir fait naître dans une famille qui avait eu le grand honneur d'abriter le Très-Haut sous son toit.

L'aîné de cinq enfants, il n'avait autour de lui que des exemples de travail, de foi et de prière.

Ainsi s'écoulèrent ses premières années, dans un milieu de religion, de tendresse et de paix.

II

Mais un goût particulier l'inclinait vers l'autel. Quand on lui parlait de Dieu, son cœur tressail-

lait. Et son bonheur était de rester dans l'église
et de prendre part à toutes les cérémonies.

Servir, chaque jour, la sainte Messe était sa
plus douce jouissance. Et il écoutait avec une
grande attention la parole sacrée, dont il se faisait
le fidèle écho au milieu de ses petits camarades,
toujours avides de l'entendre. Jamais les offices
ne lui semblaient trop longs. Et sa joie était de
les reproduire chez lui, dans une chapelle qu'il
avait érigée et décorée avec soin.

L'attrait dont il était possédé pour les choses
de l'église faisait déjà présager ce zèle ardent de
la maison de Dieu, qui fut, plus tard, et qui resta,
jusqu'à la fin, un des traits distinctifs de sa foi et
de sa piété.

A ces précoces qualités, à tant de charmes et
d'innocence s'unissaient une vive intelligence et
une mémoire heureuse. Aussi, à l'école primaire,
ses succès furent exceptionnels. Et, dans les dis-
tributions de prix, les premières couronnes
vinrent toujours s'accumuler sur son front de dix
ans !

Au catéchisme, il ne se distinguait pas moins
par sa sagesse, son ardeur à apprendre et sa
promptitude à s'instruire.

Entouré des plus saintes leçons et des meilleurs
exemples, il fit sa première communion avec une
candeur ravissante. Et on peut dire que la grâce
du sacrement déposa, ce jour-là, dans son âme,
le germe fécond de toutes les vertus.

Et alors, pour décider de son avenir, le Ciel

avait mis sur son chemin un prêtre de grand mérite, qui avait deviné et suivi ses précieuses aptitudes. En effet, l'étoile de la vocation avait lui de bonne heure sur la tête de cet enfant d'élite. Comme Samuel, notre jeune écolier avait entendu la voix de Dieu qui l'appelait, et il lui obéissait avec docilité (1).

Toutes ses espérances étaient donc dirigées vers le sanctuaire.

L'idéal du sacerdoce, entrevu dans les fêtes de l'Église, au catéchisme et dans les lectures pieuses qu'on faisait au foyer domestique, s'affirma chez lui le jour béni de sa confirmation. Faisant porte-crosse à Mgr l'Évêque qui l'avait remarqué, il annonça qu'il voulait être prêtre.

« Je veux être prêtre ! Je serai prêtre ! » disait l'aimable et séraphique Paul à tous ceux qui lui prédisaient un brillant avenir. Et cette énergique

____

(1) Ah ! vous vous souvenez des appels de Jésus-Christ, alors qu'il commença de grouper autour de Lui les douze premiers prêtres ? Oh ! comme ils furent suaves et décisifs !

Jésus rencontre deux amis sous les peupliers qui bordent le Jourdain. « Restez avec moi », leur dit-il ; et ils demeurèrent ! Il voit deux pêcheurs sur le lac de Tibériade. « Venez avec moi », leur dit-il encore ; et ils vinrent ! Il joint un publicain assis à son comptoir. « Laissez là vos affaires et suivez-moi », et il le suivit !

Un signe, un mot, un regard, et c'était fini ! On se donnait à Lui à la vie et à la mort !

Et c'est encore ainsi que les choses se passent entre Notre-Seigneur et ceux qu'il choisit.

Par des touches de grâce, difficiles à décrire, si sensibles cependant en leur énergie et leur onction qu'elles nous donnent les meilleures certitudes de la vie, il nous notifie notre heureuse élection.

Quand Mgr Malabat vit-il le signe, entendit-il le mot, comprit-il le regard ?

Le soir de sa confirmation, il sauta au cou de son curé, en lui disant tout bas : « Je veux devenir prêtre ! »

Il avait donc reçu la visite du Christ. Et, à partir de ce jour, il ne fut jamais hésitant ou troublé dans sa belle et pure vocation.

affirmation dénotait sa ferme et décisive volonté.

Oui, tu seras prêtre, modeste et sage enfant ! Dieu le veut avec toi ! Et tes bons et religieux parents le désirent aussi ! Dieu t'a choisi pour faire de toi un vase d'élection, son auguste ministre, et l'apôtre glorieux de sa très sainte . Église !

Ah ! ce n'est pas sans motif que la divine Providence, toujours admirable dans ses voies, prend aujourd'hui ses prêtres dans les rangs mêmes du peuple ! C'est afin qu'ils connaissent ses besoins, et qu'ils expriment mieux ses véritables sentiments.

Leurs cœurs battront à l'unisson des classes laborieuses. Et ils sauront mieux comprendre et soulager la souffrance, l'ayant vue de plus près et souvent partagée !

M. Roumégoux, son digne curé, qui n'avait cessé de considérer avec complaisance et attendrissement cet enfant de prédilection, l'initia aussitôt aux premiers éléments de la langue latine. Mais il lui apprit surtout la science de l'amour de Jésus-Christ, en laquelle il excellait lui-même.

—◆•:o:•◆—

III

En quittant la maison paternelle, Paul Malabat à l'âge de onze ans, entra au petit séminaire, à Aire-sur-l'Adour.

Cet établissement était alors dirigé par M. l'abbé de Capdeville, dont la haute renommée y attirait un grand nombre d'élèves. Sous la conduite de ce prêtre de première distinction, Paul n'eut pas de peine à s'acclimater dans cette sainte maison, dont il garda, toute sa vie, le meilleur souvenir.

C'est là que se passèrent ses plus belles années. Et il y réalisa toutes les espérances qu'avaient fait concevoir ses débuts à l'école, à l'église et au presbytère de Brocas.

Dans cette première période de la vie, où les qualités de l'homme se montrent dans leur fleur, il manifesta des aptitudes et des mérites qui ravirent ses maîtres comme ses condisciples.

Il fit ses études avec un succès aussi rapide que marqué.

Elève diligent et docile, il savait se faire estimer et aimer. C'était un séminariste modèle, d'une régularité exemplaire, d'une application soutenue, et d'une conscience aussi délicate que pure.

Son front était toujours radieux, son regard limpide et tendre, et son visage plein de candeur. D'une humeur facile et douce, d'une amabilité inaltérable, d'un caractère excellent, il charmait par sa grâce et sa bonté.

Tout prévenait en sa faveur. Sa modestie sincère, qui le portait à toujours s'effacer, alors même que son mérite le plaçait à la tête ; son angélique beauté, répandue sur toute sa personne et qui était comme la transparence de son âme aussi sainte que bonne ; et plus encore son affabilité vraiment séduisante, lui gagnaient tous les cœurs.

Dans ses conversations, quel entrain, quelle franchise et surtout quelle cordialité ! Quelles ressources, quels à-propos, quelle souplesse d'intelligence et d'imagination il déployait en tout, mais sans jamais cesser d'être simple, aimable et charitable !

Doué d'un esprit vif, jouissant d'une grande facilité, il fit éclater, dans ses classes, des talents au-dessus de son âge. Et, sous la conduite de professeurs aussi pieux que savants, il fit l'apprentissage de cette science et de cette vertu qui brillèrent si puissamment en lui.

Sa dévotion et sa piété furent constamment édifiantes. Elles se révélaient dans ses prières, dans son assistance à la Messe, dans ses visites au très saint Sacrement, dans ses communions fréquentes, dans ses entretiens spirituels et dans toute sa conduite.

On le cite encore, à Aire-sur-l'Adour, comme l'élève exemplaire entre tous. Et sa mémoire y est restée l'une des plus chères et des plus honorées.

A en juger par tant de qualités, Paul pouvait se faire une belle position dans le monde : mais il préféra quitter tout et se donner entièrement à Dieu. Une élévation innée dans son âme lui faisait tenir pour peu les avantages que le monde prise si fort. L'attrait des cimes que la foule ne fréquente pas, un amour pieusement acquis et chrétiennement entretenu de la sainte Eucharistie ; en un mot, sa nature et sa vertu le gardaient contre la vanité et contre la recherche des biens de cette terre !

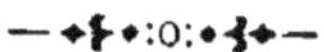

IV

Aussi, ses études classiques terminées avec éclat, il entra au grand séminaire de Dax, qui lui ouvrit à deux battants ses portes. Il y était, en effet, précédé par la réputation de ses mérites et de ses succès.

Admirables institutions que nos grands séminaires, tels que l'Église de France, fidèle aux saints canons, a su les conserver et les organiser !

C'est dans ces pépinières du clergé que l'alliance, si bien comprise, de la prière et de l'étude, des travaux de la science et des exercices de la piété, de la solitude et de la vie commune, forment l'idéal de la perfection.

Je sais que, de nos jours où la foi s'affaiblit, où l'idée du prêtre disparaît dans un naturalisme aussi vague qu'étroit, il en est qui trouvent ce genre d'éducation trop retiré du monde, trop peu mêlé à ses habitudes, à ses fêtes et à ses passions. Volontiers ils le remplaceraient par un régime qui serait à peu près celui d'un Prytanée quelconque.

Illusion fatale! s'il ne fallait plutôt y voir un calcul odieux!

Qu'on le veuille ou non, l'éducation du prêtre est exceptionnelle et unique, comme son ministère.

Médiateur entre le ciel et la terre, le prêtre doit offrir, tous les jours, la Victime sainte sur l'autel du sacrifice. Médecin des âmes, il a pour mission de guérir des blessures dont il doit avoir appris à se préserver lui-même. Homme de prière et de méditation, il cherche ses joies les plus intimes au pied de son crucifix et au milieu de ses livres. La pureté du cœur, la virginité de l'âme, la chasteté du corps : voilà sa force et son honneur!

Ah! comment nous parler dès lors d'éducation commune à toutes les professions! de mélange des clercs au reste de la jeunesse! de contact anticipé avec les désordres et les souillures du monde!

Non! non! ce n'est pas à de tels dangers qu'il faut exposer les vocations sacerdotales, sous le prétexte spécieux de vouloir les éprouver! Ce n'est pas en respirant une atmosphère viciée qu'on évite la contagion! Ce n'est pas au souffle des passions humaines qu'il convient d'abandonner l'innocence et la vertu, quand on veut leur conserver toute leur fraîcheur et leur délicatesse!

Le prêtre est un homme à part. C'est en dehors du monde, dans le silence de la prière et de l'étude, qu'il a besoin de se préparer à sa haute mission, s'il veut travailler efficacement à la gloire de Dieu et au salut des âmes !

Ainsi l'avaient compris les Vincent de Paul, les Olier, les premiers fondateurs de nos écoles cléricales.

Et si cent années de troubles et de révolutions, avec leur cortège d'erreurs et d'impiétés, ont pu passer sur le clergé de France sans lui rien ôter de son renom d'intégrité morale, qui lui vaut les suffrages du monde, il faut en voir la cause dans ces noviciats du savoir et de la vertu qu'on appelle grands séminaires !

Et c'est précisément ainsi que le comprenait l'élève éminent, qui, jeune encore, abordait l'étude de la philosophie et de la théologie.

Il avait au plus haut degré ce goût élevé de la science, cette estime profonde du devoir, cet amour du bien et du beau sous toutes ses formes, qui font trouver tant de charmes dans le travail et le recueillement.

Attentif à toutes les questions nouvelles, familier avec les progrès de l'exégèse et de l'histoire, il portait dans toutes ses études, avec la justesse naturelle de son esprit, une étendue et une variété de connaissances qui étonnaient les plus instruits.

On admirait en lui les dons les plus divers.

Sous la direction ferme et appréciée des Fils de saint Ignace, il fit dans la piété et les vertus sacerdotales les plus heureux progrès. On se souvient toujours à Dax de sa foi aussi vive qu'éclairée, de sa sagesse, de son ardent amour envers Notre-Seigneur et de sa dévotion si confiante à Marie.

Jamais séminariste plus laborieux et plus fervent que lui !

V

Mais sa destinée était ailleurs.

Après deux années écoulées de la sorte, années de travail, de succès et de complet mérite, il partit pour Paris.

Grande fut sa joie, lorsque son évêque, Mgr Lannéluc, lui permit d'aller continuer ses brillantes études aux sources mêmes de la science sacrée.

Là, sous des maîtres incomparables, dont un de leurs plus célèbres disciples a pu dire : ces hommes vénérables par leur simplicité comme par leur savoir, qui pratiquent, tous les jours, sous les yeux des élèves du sanctuaire, ce qu'ils leur enseignent, et qui, étrangers eux-mêmes aux dignités de l'Église, portent, sans orgueil, le mérite d'avoir préparé, depuis près de trois siècles, tout ce qui a le plus illustré le sacerdoce français, il apprit ce que les philosophes, les interprètes de la Sainte Écriture et les théologiens enseignent de plus sûr et de plus élevé.

Son esprit pénétrant et sa forte raison lui permettaient d'avancer vite et profondément dans toutes les connaissances.

Théologien du deuxième cours, il fut désigné, selon l'usage, pour prêcher au réfectoire, devant tous les élèves et les professeurs réunis. Auditoire difficile ; car il ne se compose que de juges, les uns égaux et les autres supérieurs. Aussi, cette épreuve est généralement redoutée.

Mais le discours qu'on entendit ce jour-là, écrit de main de maître, et prononcé avec une rare éloquence, fit une sensation profonde.

Charmé comme tout le monde, et convaincu qu'il y avait dans ce débutant hors ligne la promesse d'un excellent prédicateur, son Supérieur le complimenta très chaleureusement de sa composition neuve et doctrinale, de son bel organe, de son geste naturel et de son ton agréable et entraînant. Il reconnut publiquement en lui un ensemble de qualités qui donnaient à croire ce qu'il serait plus tard.

Dans la vigueur de son âge et dans l'épanouissement de sa noble et riche nature, il exerçait sur tous ses condisciples une influence considérable. Tous voulaient l'avoir pour guide et pour ami.

La dignité dont sa personne était empreinte commandait le respect, mais sans jamais éloigner la confiance.

Ses yeux étaient toujours illuminés de joie. Il était de cette race brillante du Midi, laborieuse, poétique, au cœur chaud et sensible, race d'imagination ardente et d'activité sans réserve.

Et s'il était doué, du côté de l'intelligence,

d'une sagesse consommée, d'un bon sens achevé
et d'une prudence remarquable, il avait, du côté
du cœur, les qualités les plus précieuses et les
plus séduisantes. Cœur bon, affectueux, indul-
gent, expansif, généreux, d'une gaîté charmante
et prompt à l'enthousiasme !

Sa physionomie s'illuminait avec facilité, et ses
traits respiraient toujours la franchise la plus
cordiale, la joie d'une belle âme, et la flamme et
l'ardeur d'un apôtre.

Toute sa conduite était faite pour inspirer
l'affection et la reconnaissance. Son dévouement
était vraiment sans bornes ; et il était le meilleur
et le plus fidèle des amis.

Quand on l'avait connu, on éprouvait le besoin
de ne plus le quitter.

Il était mûr pour le sacerdoce.

Grande fut la consolation du savant et pieux
séminariste, quand il vit, après une si longue
attente, approcher le jour béni où il allait recevoir l'onction sainte, et monter pour la première
fois à l'autel du Dieu qui avait réjoui sa jeunesse.

A ce moment, il voulut faire part à sa famille
et à ses nombreux amis de son bonheur et de son
ravissement. Et il leur adressa les lettres les plus
touchantes, qui témoignent à la fois de sa tendre
piété et de son ardent amour pour Jésus-Christ.

—◆⁂:o:⁂◆—

VI

Comblé de science et de vertu, modeste et imposant, altéré de dévouement et d'oubli de soi-même, fervent et mortifié, admirablement préparé au plus digne et au plus grand ministère qui s'exerce en ce monde, Mgr Paul Malabat fut donc ordonné prêtre par Son Éminence le cardinal Morlot, archevêque de Paris, le samedi des Quatre-Temps, veille de la Sainte-Trinité, 18 juin 1859, dans la magnifique église de Saint-Sulpice.

Il avait donné au pontife ses mains à consacrer, et son cœur à remplir à pleins bords de la dilection de Jésus et des âmes. Dieu avait entendu la supplication timide de l'enfant de dix ans, et il était aujourd'hui son ministre !

Et quelque temps après cette cérémonie auguste et solennelle, ses Supérieurs ecclésiastiques, qui connaissaient ses rares capacités, le chargèrent d'enseigner la philosophie dans un grand séminaire.

Sa maturité était précoce, et on pouvait lui appliquer l'éloge de saint Grégoire de Nazianze : la solidité du jugement avait devancé son âge. Il étonnait les maîtres et les élèves. La sagacité de son esprit, la fermeté de son vouloir, la vivacité de sa foi, la promptitude de son intelligence, sa piété et sa science étaient incontestées et reconnues par tous.

Ah ! il faut qu'on le sache, l'enseignement est une fonction de privilège pour les prêtres qui en reçoivent le mandat et l'honneur. Il en demeure sur leur esprit je ne sais quelle empreinte de distinction et de goût qui ne s'efface plus.

Aussi existe-t-il entre le clergé et le professorat un pacte antique et indissoluble, auquel nous devons rester toujours fidèles.

Mgr Paul Malabat fut un professeur de première volée, plein d'éclat et de mérite.

Il comprenait qu'il ne faut pas laisser à une science, délibérément hostile, le dernier mot du savoir et des solutions qu'elle essaye de tourner contre la vérité divine. Il comprenait qu'un grand clergé, comme celui de France, doit pouvoir s'honorer de membres supérieurement instruits dans chacune des branches des connaissances humaines, et en particulier de la philosophie, afin d'être des flambeaux haut placés pour éclairer le monde.

D'ailleurs, au milieu des discussions de la tribune et de la presse, l'Église venait de conquérir la liberté d'enseignement. Thiers avait uni sa voix à celle de Montalembert ; et tout ce que l'éloquence parlementaire avait de plus solide et de plus brillant avait combattu sous le même drapeau pour la plus juste des causes.

Le monopole universitaire était aboli ; et les catholiques jouissaient, non pas sans restriction, mais dans une mesure assez large, d'une liberté précieuse entre toutes.

C'était, à vrai dire, un commencement de sagesse. Et pour ceux qui venaient de décider la victoire et de nous assurer enfin cette part de justice et de liberté, quoique incomplète encore, le jeune professeur avait une reconnaissance égale à son admiration (1)!

Jamais, plus que dans ce siècle d'obscurcissement et de négations impies, les prêtres n'ont eu

---

(1) La liberté d'enseignement est une conséquence immédiate et nécessaire de la liberté de l'Eglise, ou plutôt, sans cette liberté, toute liberté religieuse est une dérision.

Le prêtre est un homme qui enseigne, l'église est un lieu où on enseigne, et la foi quelque chose qui s'enseigne. Donc l'enseignement doit être libre, ou bien la liberté des cultes n'est qu'un vain mot!

On demeure confondu, quand on songe qu'il a fallu attendre jusqu'en 1850 pour conquérir cette liberté, qui est un droit indéniable!

Nous avons été tellement façonnés à la centralisation, tellement habitués aux usurpations de l'Etat, que nous ne concevons la liberté, en France, qu'avec l'estampille officielle.

Car enfin, de quel droit l'Etat accaparerait-il l'enseignement pour en faire l'objet d'un monopole, comme s'il s'agissait de l'administration des tabacs ou de la fabrication des allumettes?

Le citoyen n'a-t-il pas le droit de parler? Qu'il parle dans le livre, dans le journal ou dans l'école, qu'importe!

Le droit est indiscutable, et on ne peut l'en priver que par la plus abominable de toutes les tyrannies!

La liberté de l'enseignement est absolument de même nature que la liberté de la parole.

Si vous me refusez le droit d'enseigner à des enfants l'histoire, la géographie, les lettres et les sciences, pourquoi ne pas me défendre de réunir chez moi quelques amis pour parler de littérature, de philosophie ou de politique?

Si j'en sais plus qu'eux, j'enseignerai; si j'en sais moins, je serai enseigné.

Si donc le monopole de l'enseignement est une chose juste, je ne vois pas pourquoi on reculerait devant le monopole de toutes les manifestations de la pensée? Si l'Etat est seul chargé d'enseigner, pourquoi seul aussi n'est-il pas chargé de penser, de parler et d'écrire?

Toute liberté est une liberté d'enseignement. En effet, la liberté de la presse est une liberté d'enseignement; la liberté de la tribune et du barreau sont des libertés d'enseignement.

Que dirait-on d'un président de la Chambre des Députés qui interdirait l'accès de la tribune à tout orateur qui ne se présenterait pas au nom du gouvernement? C'est cependant ce que ferait le monopole s'il interdisait à tout citoyen non revêtu d'un caractère officiel de monter à cette tribune plus modeste, mais plus utile, qui s'appelle la chaire d'un maître d'école! (Paroles de Mgr Paul Malabat.)

le devoir d'être des hommes de doctrine et de
vérité ! Jamais, plus que dans notre âge de refroi-
dissement et de lutte sociale, ils n'ont eu le devoir
d'être des foyers de charité, de concorde et de
paix !

Que par eux donc, aujourd'hui, la science et
l'amour se donnent la main et conquièrent le
monde !

L'homme d'enseignement a un double verbe,
le verbe de ses lèvres et le verbe de sa plume.

Mgr Malabat l'avait très bien senti. Et voilà
pourquoi il ne bornait pas sa mission à enseigner
avec talent et avec autorité, mais il se croyait
encore obligé à écrire.

Car l'Église a besoin d'hommes capables et
expérimentés qui prennent sa défense.

Il lui faut des hommes qui se donnent aux
investigations laborieuses et aux longues et
patientes recherches ; des hommes qui remontent
aux sources de la science sacrée, qui consultent
les archives, les annales des peuples, qui inter-
rogent les traditions, les coutumes et les monuments laissés par les générations sur la route des
siècles ; des hommes qu'on peut justement appeler les pionniers de la science, qui réclament au
temps et à l'espace les documents avec lesquels
les apologistes défendent la cause sacrée de la
Vérité et de la Religion contre les attaques et
les sophismes de l'erreur ; des hommes, enfin,
qui puissent répondre à toutes les difficultés et
faire resplendir en tout et pour tout la lumière !

Or, Mgr Paul Malabat fut un de ces hommes, et des plus compétents !

Son œil intellectuel n'est jamais au repos. Il voit tout, analyse tout, juge tout. Et, comme sa conscience et sa volonté sont aussi alertes et aussi agissantes que son esprit, aussitôt qu'il a vu, analysé, jugé, il sent le besoin de le répéter, selon son expression, aux fils de son sacerdoce et aux frères de sa pensée.

Mais, hélas ! souvent la parole du professeur meurt en sortant de son cours. Au contraire, les écrits restent.

Tandis que la parole ne produit sur les esprits qu'une impression mobile et fugitive, pareille aux rides que soulève la brise à la surface de l'eau, la plume du savant consignant dans ses doctes écrits le fruit de son érudition, fait de ses expositions comme autant de témoins, toujours subsistants et toujours prêts à déposer en faveur de la lumière et de la vérité !

C'est à cette œuvre et à ce but que le jeune et brillant professeur consacrait ses loisirs.

Ah ! la science, dont tant d'autres ont voulu faire une ennemie de la religion, Mgr Paul Malabat, devant ses élèves et devant ses lecteurs, s'est appliqué à en faire une amie, une auxiliaire, j'allais dire une sœur, si l'Ange de l'école ne me rappelait que toutes les sciences ne sont que des servantes par rapport à la Foi et à la Religion.

Et voilà où a été le mérite particulier de notre éminent maître.

En effet, parcourez ses travaux de philosophie, d'histoire ecclésiastique, de droit canon, d'écriture sainte et de théologie dogmatique et morale, et vous les verrez tous frappés à ce cachet, marqués à cette empreinte. Tous vous rendront ce témoignage que la pensée qui éclairait le but, qui dirigeait le souffle, qui soutenait l'effort, c'était l'amour de l'Église et la gloire de la religion.

Il aimait passionnément l'Église et il suivait avec bonheur la trace de ses pas, à travers les âges et sur les chemins qu'elle a parcourus depuis dix-neuf siècles.

Tout lui était une heureuse occasion de constater son influence sur la civilisation, sur les mœurs, sur les progrès et sur la vie des peuples.

Il aimait la doctrine de l'Église. Et, chose admirable! au milieu de tant d'études variées, il ne s'est jamais écarté d'une ligne, ni d'un mot de la saine et vraie doctrine.

En vérité, il a touché à tout. Et, dans tous ses écrits, c'est le profond penseur, c'est le philosophe éclairé, c'est le théologien toujours sûr, élevé et pratique, aux intentions droites, se dégageant des préjugés d'un autre temps, mais suivant en tous points, avec autant d'abnégation que de sincérité, la voie que lui traçait l'infaillible autorité du Souverain Pontife.

Il fuyait la lutte et la polémique, où les esprits se consument sans résultat, et où les cœurs s'aigrissent. Il en eût trop coûté à son âme, indulgente et si bonne, d'avoir à tremper sa langue ou sa plume dans le fiel !

Et soit qu'il professât ou soit qu'il écrivît, il savait si bien parler de Dieu, du bien qu'on est appelé à faire en dépit des obstacles, des fruits heureux d'une éducation chrétienne, qu'on ne l'entendait jamais sans se sentir animé d'un zèle plus ardent, et prêt à tenter l'impossible pour la gloire de Dieu et le salut et l'honneur de ses frères !

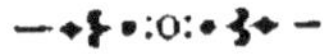

VII

Mais, hélas ! à côté des fleurs il y a les épines ! Que de maux qui assaillent notre pauvre humanité, depuis le berceau jusqu'à la tombe ! Elle est lourde et parfois écrasante la chaîne d'infortune que nous traînons après nous sur la route de la vie !

Mais la mort, comme on l'a dit, a des rigueurs à nulles autres pareilles !

Des revers de fortune, des accidents imprévus peuvent bien nous arracher des larmes. Car l'homme, après tout, ne se sépare qu'avec peine de l'héritage de ses pères, ou de ce qu'il a gagné au prix de son travail et à la sueur de son front. Ce sont là, je le sais, des épreuves cruelles et des douleurs très vives !

Mais quand la mort vient frapper à nos côtés

quelqu'un de la famille, quand elle enlève à notre cœur une sœur bien-aimée, qui faisait notre édification, notre charme, notre plus grand bonheur, ah ! c'est alors que, dans cette perte, nous sentons tout le poids de la destinée humaine ! et que de notre poitrine oppressée s'élève vers le Ciel ce cri de l'Amalécite : « *Siccine separat amara mors !* C'est donc ainsi qu'une mort amère vient séparer ceux qui s'aimaient ! » Aussi, chaque fois que la Sainte Écriture raconte, dans ses pages inspirées, de semblables douleurs, elle emprunte au cœur humain ses accents les plus plaintifs et les plus déchirants !

Néanmoins, il est une mort, qui, sans bannir le deuil, la tristesse et les larmes, y mêle un baume qui les calme, une joie qui les traverse, et une admiration qui les rend acceptables. C'est la mort de la vierge chrétienne.

Or, telle apparaît, dans sa piété et dans son innocence, Mlle Marinette Malabat.

Je voudrais pouvoir raconter ici les gracieux souvenirs de cette angélique enfant.

Intelligente, douce, pleine d'attraits, elle faisait l'admiration de tous.

Tandis que sa sœur aînée, Marceline Malabat, achevait son postulat chez les Filles de la Charité de Saint-Vincent de Paul, rue Saint-Guillaume, à Paris, elle venait d'y entrer comme élève.

Elle y fit de touchants et rapides progrès dans les lettres et les sciences, mais surtout dans l'amour et le service de Dieu.

Sa première communion fut un jour passé au Ciel.

Bonne, aimable, recueillie entre toutes, elle était le modèle et le charme du pensionnat. Douée de tous les dons de la nature et de la grâce, elle se faisait extrêmement aimer. Excellente et dévouée, elle mettait son bonheur à servir ses compagnes ; et elle avait pour ses saintes maîtresses une sorte de culte. Naïve et candide, elle portait sur son front le reflet de toutes ses vertus.

Mais ce lys si pur et qui commençait à embaumer la terre, fut aussitôt cueilli par les anges de Dieu !

Marinette Malabat était, à douze ans, déjà digne du Ciel !

Au retour d'une promenade dans la ville, elle fut prise d'une fièvre maligne, et mourut six jours après, le jeudi 8 décembre 1860 ! On la pleura beaucoup.

Tendre fleur, moissonnée à ses douze printemps, elle a laissé après elle un parfum de foi et d'innocence qui n'est pas encore perdu !

Son âme si belle et si suave, si dévote au Sacré-Cœur de Jésus et au Cœur immaculé de Marie, était entrée dans les rangs des Séraphins !

Et après un office solennel dans la chapelle de l'établissement, son corps virginal, entouré des Sœurs de la maison et de ses compagnes en blanc, fut conduit, au milieu des prières et des larmes, au cimetière de Montparnasse, où sa sœur Marceline et son bon frère Paul l'embrassèrent et le bénirent pour la dernière fois !

Cette perte fut très sensible à notre cher ami.

Mais plein d'abandon à la sainte volonté du Seigneur, il reprit, malgré son immense douleur, le cours de ses travaux.

VIII

Si étincelante que fût sa plume, si lumineux et si goûté que fût son enseignement, la divine Providence lui avait donné, pour la défense de l'Eglise, la gloire de Dieu et le salut des âmes, une arme autrement trempée et décisive. Celle qu'employèrent les Apôtres à la conquête du monde : le don de la parole !

Malgré sa jeunesse, Dieu le réservait à un ministère beaucoup plus important.

De très bonne heure, Mgr Paul Malabat s'était senti attiré vers la chaire. Il était encore sur les bancs de la théologie que déjà il faisait ses délices de nos grands orateurs sacrés, mais surtout de Bossuet. Il le lisait avec une admiration passionnée.

On comprend que doué d'une facilité prodigieuse, entraîné par le désir ardent de tout apprendre, adonné à une étude opiniâtre, il ait constitué, dans son esprit, un fonds très vaste de connaissances. Et, d'ailleurs, il voyait juste et loin.

Ce fut dans cet autre ministère, plus conforme à ses goûts et à ses aptitudes, que Dieu l'appela à déployer son zèle et ses talents.

Il était merveilleusement doté pour la prédication. Composition facile et abondante ; style élégant et correct, toujours riche de coloris et d'images ; goût littéraire d'une finesse et d'une mesure parfaites ; organe harmonieux et sympathique ; élocution vive, animée, captivante ; geste majestueux, naturel ·et puissant ; maintien modeste et distingué ; voix forte et douce, se prêtant à toutes les inflexions et à toutes les nuances des divers sentiments ; parole chaleureuse et convaincue, Mgr Paul Malabat réunissait à un rare degré toutes les qualités qui forment l'orateur, et qui demandaient la tribune sacrée pour y briller du plus grand et remarquable éclat.

Vous êtes prêt, homme de Dieu ! Apparaissez en maître sur les plus beaux théâtres où puisse ambitionner de monter un homme, qui a conscience des dons exceptionnels que le Ciel lui a départis ! Gravissez les degrés de la chaire de vérité, au pied de laquelle se nourrissent les âmes ! Faites entendre votre puissante voix ! Parlez au nom de Dieu ! Parlez pour sa gloire ! Parlez pour étendre le règne de l'Église ! Parlez pour le salut des hommes !

Vous possédez les plus belles ressources de l'éloquence et de la force.

Plus les sujets seront vastes et élevés, plus votre talent y prendra un essor plus large et plus haut.

Les principales églises de Paris, telles que Sainte-Madeleine, Saint-Augustin, Sainte-Clotilde, Saint-Thomas-d'Aquin, Notre-Dame-de-Lorette, Notre-Dame de Passy, Saint-Honoré-d'Eylau, Saint-Louis de Vincennes l'ont entendu et admiré.

Pendant plus de quinze ans, il n'y a presque pas eu de cathédrale, de grande église, en France, où il n'ait prêché l'avent, le carême ou le mois de Marie.

Tours, Chinon, Bourgueil, Orléans, Bourges, Issoudun, Châteauroux, Moulins, Montluçon, Lapalisse, Paray-le-Monial, Tournus, Dijon, Lyon, Roanne, Clermont-Ferrand, Gaillac, Mont-de-Marsan, Saint-Jean-de-Luz, Biarritz, Libourne, Angers, Château-Gonthier, Château-du-Loir, Péronne, Roye, Albert et Amiens vibrent encore des accents et des leçons de sa foi et de son éloquence !

Et on peut lire en appendice les noms des autres villes où s'est exercé son zèle.

Attirés par sa réputation, les auditeurs affluaient par milliers. Et, malgré leurs dimensions, les antiques basiliques se trouvaient trop étroites pour les foules qui les envahissaient.

Dans ses solennelles stations, dans ses mois de Marie, dans ses retraites aux mères chrétiennes et aux enfants de Marie, dans ses conférences aux membres de la Société de Saint-Vincent de Paul, cette âme si française et si catholique a pu satisfaire son talent enthousiasmé, en célébrant, dans un langage magnifique, les splendeurs du dogme chrétien, les gloires et les mérites de la Très Sainte Vierge, la sagesse de la morale évangélique, l'éclat incomparable de notre religion, l'honneur et le charme de la vertu, les devoirs et les espérances superbes de la vie !

C'était l'apôtre par excellence ! Et ses prédications faisaient partout un bien considérable. Ses succès s'affirmaient en tous lieux. Et les curés des paroisses qu'il évangélisait ne cessaient de faire son plus complet éloge et de le remercier.

Les feuilles publiques elles-mêmes rendaient souvent hommage à ses qualités éminentes, comme à ses nobles et glorieuses conquêtes.

Ces louanges, ces flatteuses attestations, nous sommes heureux de les citer plus loin.

On n'oubliera jamais ces multitudes immenses, enthousiastes, qui remplissaient les églises, et ces marques de vénération émue que l'éloquent orateur recueillait en tous lieux.

Et cependant, Mgr Malabat ne ménageait pas son monde. Devant les riches et les voluptueux, il prophétisait les revendications terribles du prolétariat. Il flagellait le luxe et la mollesse.

Il était l'avocat de toutes les grandes questions qui passionnent les hommes. Mais il était surtout la grande voix qui aimait à s'élever en faveur des malheureux, des travailleurs et des déshérités.

Toujours il se révélait plein de doctrine, d'esprit et plus encore de cœur. De là ce charme qu'il répandait, et ce contentement intérieur qui envahissait partout son auditoire.

Point de vaines complaisances en face de l'erreur. Point de compromis équivoques ni de concessions stériles. Ne poussant jamais la mansuétude jusqu'à la faiblesse, ni la tolérance jusqu'au laxisme.

Une inaltérable charité envers les hommes et une implacable sévérité contre le vice et le mensonge : voilà ce qui distinguait notre illustre missionnaire.

Il ne brûlait jamais l'encens au pied des progrès de son siècle, au détriment de la dignité et du rôle de l'Église.

Son courage pour la vérité, sa parole pénétrante et lumineuse, sa marche assurée en dehors de tous les vains systèmes, son enseignement clair et positif, son dédain des utopies lui ont toujours valu les plus beaux résultats.

Sa doctrine était simple comme son âme, correcte comme sa vie, instructive et édifiante comme l'Évangile.

De ses moindres instructions on emportait toujours une lumière dans l'esprit, une résolution dans le cœur et un souvenir qui ne s'effaçait plus !

Aussi a-t-il converti un très grand nombre

d'âmes, et provoqué une admiration qui durera longtemps (1) !

—❖•:o:•❖—

IX

Au milieu de ses triomphes, et du bien que sa parole produisait partout, Mgr Paul Malabat résolut d'aller à Rome.

Il venait de prêcher à Lyon, dans l'église de Saint-Pothin, avec un notable succès qui remua la ville tout entière, quand il partit, le 3 février 1869, se prosterner aux pieds de l'immortel et vénéré Pie IX.

Il est un pasteur auquel on doit un respect plus profond et plus filial, c'est le pasteur suprême.

La raison et la foi le prescrivent.

L'Homme-Dieu dit un jour à saint Pierre : « Tu es pierre et sur cette pierre je bâtirai mon église ; et les puissances de l'Enfer ne prévaudront jamais contre elle. Pais mes brebis, pais mes agneaux. Tout ce que tu délieras sur la terre sera délié dans le ciel. »

(1) Son éloquence incomparable charmait, saisissait, mais surtout transformait.

Son action prodigieuse et si profonde tenait à plusieurs causes ; mais sa vertu en était l'explication première et suffisante. Cependant, il avait un autre attrait qui séduisait tous ses contemporains. Mgr Paul Malabat était par excellence un homme nouveau, qui avait partagé toutes les généreuses aspirations de son temps. Sa parole était comme l'écho des joies, des tristesses, des espérances d'un siècle tourmenté qu'il aimait, et auquel il criait : il n'y a de salut qu'en Jésus-Christ et en son Evangile ! Sa voix n'était pas celle de Cassandre qui pleure sur des ruines ; elle était la parole inspirée du prophète qui annonce et salue des jours meilleurs !

C'est cette parole qui a été la semence des papes.

On a tout essayé contre eux. Contre eux, les puissants ont employé la hache, les politiques la conspiration, les philosophes la moquerie et les écrivains l'injure et le mensonge. Rien n'y a fait ! et rien n'y fera !

Le dernier nommé des successeurs de Pierre est debout, souverain prêtre, docteur infaillible du royaume du Christ. Il s'appelle aujourd'hui Léon XIII. C'est un pontife de génie, un orateur, un écrivain, un homme d'État, un pasteur d'hommes incomparable. Mais serait-il autre, il serait encore le pape, l'héritier des promesses de Jésus-Christ et le père vénéré de la famille catholique !

Ah ! Mgr Paul Malabat n'avait pas besoin de faire appel à sa forte théologie pour se rappeler toutes ces choses, et pour manifester toujours la plus entière obéissance et le plus parfait amour.

D'ailleurs, la lumière qui éclaire les hommes sur leurs destinées et sur les moyens d'arriver à leur fin, c'est la vérité catholique. Pour asseoir la maison de notre avenir éternel, il n'y a pas d'autres bases que Jésus-Christ. En Lui et en Lui seul, nous pouvons nous sauver. Les enseignements et les lois qui régissent nos âmes avec une autorité qu'il nous est interdit de rejeter sans crime, se résument dans ces deux mots : croire et obéir à l'Église catholique. Là, et là seulement, se trouve la vérité complète et nécessaire, qui sauve les âmes, les familles et la société !

Or, de cette vérité il y a un interprète vivant et infaillible, c'est le Pape. Et si, par impossible, les pages de l'Évangile venaient à disparaître, si les sources des traditions étaient subitement taries, la bouche du pape dirait, avec la même autorité que Jésus-Christ lui-même, ce qu'il faut croire et ce qu'il faut pratiquer pour parvenir au Ciel (1).

Un instinct supérieur qui guidait Mgr Malabat dans l'intelligence de la constitution de la très sainte Église, un tact surnaturel et un discernement clairvoyant en matière de foi avaient profondément attaché sa raison et son cœur à ce centre de vérité sur la terre.

O vous qui l'avez bien connu, vous êtes mes témoins quand j'affirme que son enseignement si méthodique, si clair, si substantiel, si élevé et si

(1) Le pape est le souverain pasteur et le père spirituel des chrétiens, parce qu'il est le suprême vicaire de Jésus-Christ sur la terre. Et, par là même, il a l'entière autorité spirituelle sur tous les chrétiens. Et, en cette qualité, les empereurs, les rois, les présidents de république, les princes et tous les autres lui doivent non seulement amour, honneur, révérence et respect, mais aussi aide, secours et assistance contre tous ceux qui l'attaquent et l'offensent.

Assurément, le pape et le roi sont maîtres chez eux. Le premier dans les choses spirituelles, et le second pour tout ce qui regarde les matières purement civiles et politiques.

Mais, en elle-même et dans son essence, la puissance spirituelle est divinement supérieure à la puissance temporelle. Elle lui est supérieure comme la foi est supérieure à la raison, la grâce à la nature, et la force morale à la force matérielle.

La puissance temporelle lui est soumise en tout ce qui touche à l'ordre spirituel. Car la supériorité de la force morale sur la force matérielle est non seulement une vérité philosophique évidente, mais elle est aussi un fait dont la réalité s'impose avec un éclat impossible à nier.

C'est par l'unique ascendant de la force morale et religieuse que affectueux, il le puisait dans ses convictions sur les prérogatives du souverain pontife et dans l'amour avec lequel il en parlait toujours !

Affermi sur cette pierre inébranlable, il poursuivait cette vie si brillante d'unité, si semblable à elle-même, dans le professorat ou la prédication, et qui tendit sans cesse, par ses paroles et par ses écrits, à enseigner et à défendre l'autorité doctrinale et disciplinaire du vicaire de Jésus-Christ. Le professeur enseignait et l'orateur prêchait que le plus grand péril d'asservissement et de dégénérescence vient du manque de respect et de confiance à l'égard de l'Église ! et que tout rameau qui ne prétend recevoir qu'une portion mesurée et affaiblie de la sève romaine est bien près d'être desséché !

Les nuages qui passaient dans l'air, les flots un moment agités autour de la barque de Pierre, s'ils contristaient son cœur, ne troublaient pas sa

l'Église a conquis, discipliné les barbares, et préparé la civilisation moderne.

Les deux puissances se sont rencontrées ; et celle qui s'appuyait sur le glaive matériel a été vaincue par la puissance supérieure qui parlait, au nom de Dieu, de la justice et du droit.

Aujourd'hui encore, nous sommes les témoins d'un spectacle qui atteste la supériorité de la puissance spirituelle sur les pouvoirs séculiers. Il y a, à Rome, un vieillard qui n'a pas à sa disposition un seul régiment ; il vit des aumônes que lui envoient les fidèles ; il habite, il est vrai, un palais, mais un geôlier en garde la porte : eh bien, de l'aveu de tous, amis et ennemis, ce vieillard, qui s'appelle Léon XIII, est au-dessus de toute grandeur humaine.

Qui donc l'a porté si haut ? plus haut que les empereurs, les rois, les présidents de république ? C'est la force morale et divine dont il est le seul et sublime représentant.

Ah ! comme ils sont donc aveugles, ignorants et coupables les hommes, qui, appelés par le caprice de la fortune à gouverner un grand pays, ne savent pas comprendre quels secours ils trouveraient dans l'appui que leur offre le pape ! (Paroles de Mgr Malabat.)

foi. Sa vue limpide et forte perçait ces ténèbres factices, et son âme, en possession de la vérité, dominait ces commotions passagères.

Il ne connut jamais d'autre sagesse. Et il mettait sa principale, son unique grandeur à se montrer un fils d'obéissance, écoutant la voix du père des chrétiens, marchant au signe de sa main et à la direction de son regard lui-même. Dans ses leçons, dans ses écrits, dans ses prédications, sa plus grande, sa plus douce ambition était de servir d'écho à la parole du Saint-Siège.

Il savait que nulle part ailleurs il n'existe une connaissance plus profonde et plus actuelle des vérités qu'il est nécessaire de répéter à l'oreille des peuples. Il était vraiment l'apôtre et le défenseur de l'Église et de la papauté !

Pour éclairer les esprits et attendrir les cœurs, il était des premiers à proclamer, avec un grand accent qui partait d'un grand amour, tous les enseignements du souverain pontife. Pour lui, la voix du pape était la voix de Dieu, toujours sage, toujours autorisée et toujours opportune.

Sa foi, son dévouement et sa fidélité au vicaire de Jésus-Christ étaient, on peut dire, sans bornes. Et il ne faut pas chercher ailleurs l'explication de toute sa conduite.

Aussi, Pie IX l'accueillit avec une bonté et une prédilection vraiment exceptionnelles. Il lui accorda, pendant son séjour de trois mois dans la Ville Éternelle, plusieurs audiences particulières, et lui témoigna une complète bienveillance.

Il le nomma missionnaire apostolique et prélat, et l'investit de pouvoirs étendus.

Pour lui laisser un gage de sa haute confiance et de sa tendresse paternelle, il lui remit de sa main vénérable et sacrée un parement de soutane et la calotte blanche qu'il avait sur la tête. Chères et précieuses reliques ! que Mgr Paul Malabat a toujours conservées comme celles d'un saint !

Son voyage et son séjour à Rome ne furent pas sans profit.

Les nombreuses lettres qu'il écrivit à ses amis attestent tout ensemble et la vivacité de sa foi à laquelle s'offrait, chaque jour, dans la visite des basiliques et des monuments religieux un nouvel aliment, et la sincérité de son enthousiasme à la vue des merveilles de la nature et des magnificences de l'art qui éclatent de toutes parts dans la Cité des papes.

Il n'oubliait pas que la terre qu'il foulait aux pieds était tout imprégnée du sang des saints apôtres et de milliers d'héroïques martyrs.

O Rome ! s'écriait-il, en empruntant les paroles du Tasse, ce ne sont pas les colonnes, les arcs de triomphe, les thermes et les palais que je recherche et que j'admire en toi, mais le sang répandu pour le Christ, dans tes cirques et tes arènes.

Son pèlerinage à Lorette, dans le sanctuaire vénéré de la *Santa Casa*, ne fit qu'accroître, dans son âme d'élite, sa tendre piété envers la sainte Vierge. Et il n'en parlait jamais qu'avec une touchante et profonde émotion.

Ses souvenirs d'Italie lui revenaient souvent. Devant les gens du monde et devant ses confrères attentifs et ravis, il redisait avec complaisance les merveilles de cette métropole des arts et de la religion. Il dépeignait les obélisques, les statues, les bas-reliefs, les restes des anciens temples, les amphithéâtres, les aqueducs et tant d'autres édifices superbes, qu'on rencontre à chaque pas, et qui forment la richesse de cette capitale. Il n'avait garde de passer sous silence les places immenses, les fontaines magnifiques, et les musées nombreux qui renferment tous les chefs-d'œuvre de l'Égypte, de la Grèce et du monde. Il énumérait les palais somptueux, où sont accumulés les camées, les mosaïques, les bronzes, les sculptures, les peintures et les dorures de tout genre, qu'on ne se lasse de contempler avec étonnement et avec admiration.

Mais il parlait avec plus de plaisir encore des églises, les plus vastes, les plus belles qui existent, et dans lesquelles les architectes et les artistes les plus célèbres ont, pour ainsi dire, épuisé leurs talents. C'est dans ces basiliques d'une décoration sans égale sur la terre, que les cérémonies religieuses tiennent le premier rang, c'est là que la religion catholique se montre dans toute sa splendeur et dans toute sa majesté.

Et au milieu de toutes ces magnificences, il encadrait avec amour l'incomparable figure de

Pie IX. Il faisait ressortir ses prodigieuses qualités de l'esprit et du cœur, son génie, mais surtout sa bonté, son amabilité et son gracieux accueil. Il avait pour ce grand pape un véritable culte ; et il ne le nommait jamais qu'avec des larmes dans les yeux ! ! !

X

Rentré en France, il prêchait pour la seconde fois une mission à Paray-le-Monial, lorsqu'il apprit la maladie et la mort de son bien-aimé père.

Il était né au lendemain d'une affreuse tempête.

Le dix-huitième siècle venait de finir. Sa course commencée dans la mollesse des âmes, continuée à travers les railleries irréligieuses et les brillantes voluptés, s'était achevée dans des ruines toutes couvertes de sang.

Le plan de destruction, habilement ourdi dans les ténèbres des sociétés secrètes, avait eu son triomphe, grâce à la complicité des hommes d'État et des hommes d'esprit.

Un schisme éphémère, sous le masque d'une constitution civile du clergé, avait servi de prélude à la négation de tout dogme. La souveraineté absolue de l'homme s'était affirmée devant l'Église par la spoliation, l'exil et le martyre des prêtres, devant la patrie par l'échafaud en permanence, et devant Dieu par le culte insolent rendu à la raison humaine, incarnée, sur les autels souillés, dans le marbre vivant d'une chair publique !

Selon l'expression du prophète, la vérité, la miséricorde et la science de Dieu étaient bannies, et, à leur place, le mensonge, l'erreur et la malédiction, le vice et le sang inondaient la terre !

Les législateurs eux-mêmes, épouvantés, cherchaient une solution religieuse !

La tourmente révolutionnaire était à peine calmée.

La croix avait été violemment arrachée du sol national, où elle avait poussé de si profondes racines !

Un gouffre effroyable s'était creusé à la place qu'elle avait, pendant des siècles, couverte de son ombre. Et, dans ce gouffre, les nouveaux maîtres de la patrie avaient fait descendre des torrents de sang français. Et, avec ce sang, ils y avaient précipité notre génie, notre prospérité, nos monuments, nos arts, nos écoles, nos églises et nos autels.

Tout, jusqu'au nom même de la France, aurait fini par s'y engloutir, si, pour relever la croix, Dieu n'avait suscité une main puissante et glorieuse.

Depuis trois ans, le vainqueur de Marengo avait signé le Concordat qui rétablissait le culte catholique sur notre territoire, lorsque naquit, à Brocas, Vital Malabat.

Il fut, toute sa vie, un homme bon, loyal et religieux.

Fidèle aux traditions chrétiennes, restées l'honneur et la force de sa famille, il donna toujours l'exemple de la foi la plus vive et de la pratique la plus sincère. Le matin et le soir, il priait humblement Dieu, et lui demandait, pour lui et pour les siens, sa protection et ses grâces de choix. Il assistait journellement au saint sacrifice de la Messe avec recueillement, et il suivait, dans son paroissien, les actes et les prières de la sainte liturgie.

Le dimanche, il était le premier aux offices. Et, chaque année, il communiait à Pâques.

Sa foi éclairée et robuste ne se réduisait pas à un sentiment naturel. Non ! pour cet esprit élevé, la religion était plus que l'élément sentimental de l'humanité.

Elle lui apparaissait comme une doctrine, la plus positive de toutes, et la seule capable de trancher les questions capitales de l'origine et de la fin de l'homme. Doctrine, qui par cela même qu'elle touche de toutes parts à l'infini, doit renfermer des mystères, mais qui n'en repose pas moins sur des faits historiques rigoureusement constatés. Doctrine qui s'impose à la plus froide raison par un ordre de démonstrations aussi concluantes que celles des sciences elles-mêmes. Doctrine à laquelle les progrès de l'esprit humain ne font qu'apporter, avec chaque découverte, une nouvelle et plus éclatante confirmation. Doctrine, enfin, qui, si elle pèse aux esprits médiocres, ravit et subjugue les hautes intelligences, parce qu'elle les élève aux sommets de la pensée, en leur ouvrant des perspectives inaccessibles au seul regard de la raison humaine !

Voilà ce qui produisait une si profonde impression sur ce vaillant chrétien.

Il écoutait le grand apôtre, qui nous crie, en son mâle et sublime langage, la noblesse de notre origine. C'est ainsi que dans Vital Malabat le savant fortifiait le croyant ! Il était d'autant plus attaché à sa foi que son esprit avait davantage cherché à en creuser les fondements.

Honnête et juste par excellence, il jouissait de l'estime et de l'amitié de tous. Il était doux, affable et dévoué, d'une politesse exquise, d'une aménité suave, et d'une gaîté ouverte et communicative.

Nous n'oublierons jamais sa vie si simple et si laborieuse, sa sagesse consommée, son obligeance à toute épreuve. Rempli de qualités, il donna constamment l'exemple de toutes les vertus. Mais ce qui le distinguait surtout, c'était la bonté de son cœur. Aussi était-il entouré de la confiance et de la vénération générales.

Chargé de mérites et comblé de sympathies, il avait soixante-sept ans, quand la religion, qu'il avait si bien pratiquée, vint le consoler et le fortifier à ses derniers moments.

Quel calme et quelle piété dans l'accomplissement des actes qui devaient le préparer à paraître devant Dieu !

Comme toutes les âmes fortes, et qui ont senti par elles-mêmes le néant des choses de ce monde, Vital Malabat avait depuis longtemps compris que la vie présente n'est qu'un passage à une seconde vie. Il avait aussi compris que pour être admis à contempler le Saint des saints face à face, dans sa gloire et dans son bonheur, l'homme a besoin de se purifier de ses fautes.

Il savait, par expérience, que, seule, la religion, avec les pouvoirs de pardon dont elle est dépositaire, peut ouvrir devant nous les portes de l'éternité bienheureuse.

Aussi, ce fut avec la foi la plus vive qu'il confessa ses péchés et qu'il s'inclina sous la main bénissante du prêtre, en embrassant de ses lèvres émues le signe de notre rédemption.

Il reçut la sainte communion et l'extrême-onction avec la dévotion d'un saint !

Et ainsi, muni de tous les sacrements et de toutes les prières, le regard vers le Ciel, après avoir dit un adieu suprême à sa femme qu'il aimait tendrement, il rendit son âme à Dieu, le vendredi saint, 25 mars 1869.

Ses obsèques furent comme une image des funérailles de l'antique patriarche. « Jacob étant mort, dit l'Écriture, ses fils le prirent sur leurs épaules et s'en allèrent l'ensevelir dans la terre de Chanaan. » Ainsi, la plupart des habitants de Brocas, amis sincères de Vital Malabat, s'emparèrent de son cercueil et se partagèrent l'honneur de le porter, escorté par les bénédictions, les hommages, les regrets et les prières de tout un peuple en larmes !

Grâce à un acte de piété filiale de Jules Malabat, propriétaire du château d'Ochancourt, son corps repose dans l'église d'Ochancourt (Somme), sous l'autel même de la sainte Vierge, dans le caveau bénit de la famille.

Mais, pour mieux apprécier cet homme sans défauts, il convient de rappeler ici l'éloge qu'en fit à ses obsèques M. l'abbé Roumégoux, son curé et son intime ami.

« Il y a des douleurs que la langue humaine ne peut pas exprimer ! Car, comment dire l'émotion de notre âme, en présence de ce cercueil ?

« Nous pleurons le plus tendre des époux, le meilleur des pères, le plus fidèle des amis.

« M. Vital Malabat était aussi un parfait honnête homme et un chrétien sincère et pratiquant.

« Ai-je besoin de vous parler de ses rares qualités et de ses grands mérites ? Non ! vous les avez connus et admirés comme moi. Il suffisait de le voir et de l'entendre pour aussitôt l'estimer et l'aimer. Car il portait sur son front et dans ses yeux le rayonnement doux et suave de son âme d'élite.

« D'une éducation exquise et distinguée, d'une bonté sans égale, d'une délicatesse achevée, d'une amabilité simple et franche, il avait dans son regard, dans sa voix, dans son maintien et dans toute sa conduite, ces qualités et ces attraits qui captivent et qui charment. Tous ceux qui l'ont connu savent ce qu'il y avait chez lui de douceur, d'amabilité, de prévenance et d'agrément !

« Riche des dons de la nature, il ne l'était pas moins de ceux de l'esprit et du cœur. Que de lumières et de ressources dans son intelligence ! Que de nobles et généreux sentiments dans son cœur ! Que de sagesse et de sûreté dans ses vues et ses conseils ! Que de désintéressement et de charité dans ses actes ! Nous avons pu les apprécier et en jouir souvent !

« Chef adoré d'une famille honorable entre toutes, il lui consacrait toutes ses affections, sachant constamment l'animer de délices et de paix.

« Et, au dehors comme au dedans, son bonheur était de faire plaisir et de faire du bien.

« Dans l'assemblée communale, il a rendu au pays, pendant de très longues années, les plus grands et utiles services.

« Membre de la Fabrique de cette église, il en a été l'inspirateur et le guide le plus éclairé et le plus dévoué. Je dois le dire, nous n'oublierons jamais sa direction si sage, si juste, et à la fois si profitable !

« A la tête de son exploitation agricole, il a beaucoup aimé les ouvriers. A leur égard, il n'a jamais eu qu'un désir, celui de les contenter et d'améliorer leur sort. Dans un effort commun, dans un travail accompli de concert, il cherchait à leur rendre la vie aussi tranquille et aussi heureuse que possible. Avec eux, et pour eux, il se montrait rarement maître, mais toujours père et ami !

« Selon lui, la vie, pour être digne et surtout méritante, doit se remplir de travail, d'honneur et de vertu. S'occuper, c'est s'ennoblir. Voilà pourquoi nous l'avons toujours vu s'éloigner du faste et de l'éclat, et nous donner l'exemple d'une vie laborieuse et modeste.

« A toutes ces qualités, à tant de charmes et de mérites, à cette dignité d'une existence sans défaillance et sans reproche, M. Vital Malabat, fidèle aux belles traditions de sa famille si chrétienne, a toujours ajouté la vertu du serviteur de Dieu. Il a couronné tous ses mérites d'homme par les mérites plus élevés et plus nobles du chrétien.

« Oui, pour que rien ne manquât à cette figure, déjà si digne de nos admirations, de nos respects et de nos sympathies, la foi religieuse, tranquille et douce comme tout ce qui est profond, tolérante et suave comme tout ce qui réchauffe les âmes droites et sincères, éclairait, chez notre cher paroissien et excellent ami, le mystère de notre destinée que la science humaine est impuissante à pénétrer !

« Car l'homme ne vit pas seulement de pain, mais de la vérité.

« Cette foi lui dictait tous les devoirs, dont l'accomplissement ponctuel, mais sans ostentation, a toujours fait sa joie et son honneur.

« Les espérances, qu'elle prodigue aux croyants,

lui promettaient une récompense plus haute et plus complète que toutes celles d'ici-bas. Elles l'ont consolé dans les épreuves inhérentes à la vie, et elles l'ont rendu capable d'une pratique religieuse constante et admirable.

« Au foyer domestique, il savait prier Dieu. Chaque dimanche, il assistait à l'office solennel ; et chaque année, il communiait à Pâques.

« Ah ! courageux et fidèle chrétien, je vous salue avec admiration ! et je vous remercie de l'édification que vous avez donnée à ma chère paroisse !

« M. Vital Malabat a vécu et est mort comme vivent et meurent les grands et nobles cœurs !

« Convaincu que la mort n'est que le passage de ce monde en un monde meilleur, il l'a acceptée avec résignation, et s'y est préparé avec toute la foi et la piété dont son âme était pleine.

« Il s'est uni à Dieu par d'augustes sacrements, et il s'est doucement éteint dans une paix céleste !

« Devant tant de vertus, de qualités et de mérites, je m'incline et je pleure !

« Nous ne verrons donc plus, avant la résurrection générale des corps, cette belle physionomie, au regard si doux, au sourire si gracieux, à la parole si calme et si affectueuse ! Nous ne verrons plus cet homme de bien par excellence, ce chrétien si exact, et aussi si sincère et si bon ! Mais il vivra dans nos souvenirs et dans nos affections.

« Le nom de M. Vital Malabat est pour toujours gravé dans nos cœurs !

« Il fut aimé de Dieu et des hommes ; et sa mémoire restera en bénédiction !

« Nous entourerons sa dépouille mortelle de respect et de vénération. Et nos prières suivront son âme au Ciel, près de Dieu, dans l'éternelle récompense ! ! ! »

XI

Mais cette mort venait tout changer.

En l'absence de ce père si bon, si occupé de se donner aux siens, Mgr Paul Malabat se trouvait chargé, en qualité d'aîné, de toute la famille.

A partir de ce jour, il sentit le besoin de se dévouer tout entier au soutien et au bonheur de son excellente mère, de sa chère sœur Marceline, religieuse de Saint-Vincent de Paul, ainsi qu'à l'avenir de ses deux jeunes frères, Eugène et Jules. Et Dieu, et les hommes connaissent l'étendue et la persévérance de son amour pour eux !

Désormais, sa vie leur appartient. Incessamment il pense à eux, il les dirige et les protège. Avec un dévouement au-dessus de tout éloge, il n'a plus qu'une chose à cœur, c'est de les établir.

Non ! Jamais un père n'eut plus de tendresse et plus de zèle pour ses enfants que notre ami en eut pour Eugène et pour Jules !

Afin de les avoir à ses propres côtés, et de les aider plus efficacement, il va donc arrêter le cours de ses missions et se consacrer au ministère paroissial.

—◆✦•:o:•✦◆—

A ce moment, prévoyant que la paix du monde allait être troublée, et qu'au lieu de vivre d'honneur, de justice et de travail, les sociétés marchaient vers les abîmes et vers les catastrophes, il ne cessait de dire : « Laissez les Pères du Concile, réunis au Vatican, proclamer sans crainte la doctrine du Sauveur. Laissez, au nom de la liberté, qui peut parler aujourd'hui, et qui demain peut-être aura la bouche close, laissez dire la croyance révélée ! Laissez publier la force et la vie permanente de l'Église ! Laissez définir ce qu'est le pape, et jusqu'à quel point il pourra, il devra et il voudra toujours, jusque sur le dernier débris du monde écroulé, enseigner la vérité aux peuples !

« Laissez les Pères du Concile affermir sur son front la couronne de l'infaillibilité, pour qu'il l'emporte errant et fugitif à travers les nations, et que sa parole, proscrite et n'ayant plus pour se faire écouter ni moyens officiels ni ministres ordinaires, demeure cependant, partout où elle pénètrera, la lumière et la consolation de ce monde échoué dans l'abîme ! »

De son regard pénétrant, il avait entrevu les triomphes des démolisseurs de toute autorité.

Mais l'Arche d'alliance était mise en sûreté, et

les flots des révolutions ne pouvaient que l'élever sur leurs cimes agitées !

Ah ! l'heure était, en effet, solennelle et profondément triste ! Rome et la France, la Mère et la Fille aînée allaient subir les pas des envahisseurs et les noires infortunes.

Hélas ! les épreuves de l'Église et les douleurs de la patrie brisaient l'âme de Mgr Paul Malabat.

Il priait et il pleurait entre le vestibule et l'autel.

Connaissant les causes des leçons de la Providence, il disait : « Qu'entendons-nous de tous côtés en Europe ? Combats et bruits des armes, nation contre nation, royaume contre royaume ! Faut-il s'en étonner ? l'iniquité abonde, et la charité s'est refroidie partout ! »

Le Seigneur a fait entendre ces paroles par la bouche de son prophète : « Voici le ravage, le renversement, la famine et le glaive ! Dieu, justement irrité, a appesanti son bras vengeur sur nos têtes coupables ! Ce sont nos vices qui nous ont attiré ces malheurs ! Car la justice élève les nations, mais le péché rend les peuples misérables ! »

Cependant, le Concile avec ses resplendissements, siégeait toujours au Vatican. Jamais l'Église n'est plus belle qu'en ces émouvantes assises.

Depuis quatre mois et demi que l'auguste assemblée délibérait en paix, les déchaînements du diable étaient passés, les agitations de l'homme étaient finies, et le moment du Saint-Esprit était enfin venu. Pie IX s'était levé ; sa voix sonore avait retenti sous les voûtes de Saint-Pierre, et avait approuvé les travaux et les définitions des cinq cent cinquante évêques ! Une acclamation lui avait répondu ; et le *Te Deum* éclatait !

Les cloches de Rome sonnèrent, et le château Saint-Ange tonna.

Et comme si le Ciel eût voulu manifester qu'il s'associait aux exultations de la terre, un rayon resplendit à travers les fenêtres de la coupole géante, éveillant les ors, les marbres, les mosaïques et les airains dans l'immense édifice !

Et lorsque les Pères du Concile franchirent la porte de bronze, ils furent accueillis en triomphe !

Mais, hélas ! pendant ce temps, l'usurpation s'apprêtait à s'emparer de Rome ! et la France, qui, un an auparavant, était fière, superbe, reine de l'Europe, reine atténuée si l'on veut, reine qui déjà s'étudiait à cacher sous sa pourpre bien des débilités, en quel état elle était !

La dynastie avait été emportée ; et notre éclat national s'était obscurci comme celui d'une fête quand les lampes sont éteintes ! Nos généraux et nos soldats captifs s'en allaient par les chemins de l'étranger ! Et nous qui restions, nous étions chez nous comme des sinistrés auxquels l'incendie a laissé à peine où reposer la tête ! Partout la défaite ! presque partout l'invasion !

Au milieu de ces calamités, Mgr Malabat révéla son grand cœur. Que n'entreprit-il pas alors, afin

de secourir tant de misères privées et publiques?
Aucune sollicitude ne lui fut étrangère, aucun
dévouement ne lui fut inconnu!!!

XII

Le connaissant déjà et l'appréciant à sa haute
valeur, Mgr Boudinet, de douce et vénérée
mémoire, l'appela à Amiens.

Sa Grandeur le plaça vicaire à Saint-Remy, qui
était alors, comme encore aujourd'hui, la paroisse
la plus riche et la plus religieuse de la ville.

Dès son arrivée, sa foi active, sa piété consommée, son zèle courageux, son dévouement
infatigable, son talent supérieur se révélèrent
complètement. Et il n'y avait, dans toute la cité,
qu'un sentiment de confiance et d'admiration pour
le nouveau vicaire, et qu'un cri de louange qui
éclatait partout.

C'était avec une ardeur merveilleuse qu'il remplissait les devoirs de sa charge, se partageant
entre la direction des âmes et la prédication. Il
ne quittait la chaire et le confessionnal que pour
prendre le chemin des malades et des pauvres.
Toujours prêt à recommencer le travail de la
veille, et ne se reposant jamais tant qu'il y avait
un désordre à faire cesser, une misère à soulager,
une peine à consoler, un service à rendre, et une
bonne œuvre à faire.

On sentait vivre et rayonner en lui l'ardeur d'un cœur qui s'est épris des âmes. Il avait les tressaillements profonds d'un amour surnaturel, qui ne peut retenir la flamme inextinguible du zèle le plus actif et le plus généreux. Il était de la race de ces prêtres qui ont entendu le cri du Sauveur sur la croix : « J'ai soif des âmes ! »

Prêtre au sens et à l'honneur sacerdotal, il n'était pas de ceux qui poursuivent les dignités. Jamais il n'eût permis à la plus légère pensée d'ambition d'envahir son esprit. Jamais il n'eût consenti à monter un degré de la hiérarchie sous le souffle de la faveur ou de l'habileté.

Compatissant et tendre comme la miséricorde, inflexible comme la justice, il n'avait que l'inspiration de sa conscience pour règle et pour guide de sa vie.

Sans souci des blâmes ou des louanges, il passait à travers les bénédictions ou les malédictions des hommes, sans que rien le détournât de son devoir, ayant sa conscience pour boussole, et Dieu et les âmes comme terme de ses pensées et but de ses efforts.

Il prêcha des stations dans toutes les paroisses : à la Cathédrale, à Saint-Remy, à Saint-Leu, à Saint-Germain, à Saint-Jacques, à Saint-Martin et à Saint-Honoré, et des retraites, des vêtures, des adorations ou des panégyriques dans toutes les communautés : aux Clarisses, aux Ursulines, à la Visitation, aux Fidèles-Compagnes de Jésus, aux Louvencourt, aux Sœurs de l'Espérance, à la

Sainte-Famille, et chez les Sœurs de Saint-Vincent de Paul.

Il s'élevait partout du grand vol de l'orateur. Et, à la cathédrale surtout, il obtint un succès dont on parle toujours.

Et, à des années de distance, la ville d'Amiens tout entière est encore pénétrée d'estime, d'admiration et de reconnaissance pour ce prêtre selon le cœur de Dieu, et qui a laissé le meilleur souvenir.

A Péronne, à Roye, à Albert, à Villers-Bretonneux, et dans soixante autres églises, sa voix a retenti avec éloquence et fait un très grand bien.

Sa renommée s'étendait chaque jour, et son ministère devenait de plus en plus fécond.

Habitué à voir de haut et de loin, il ne manquait jamais, à l'heure opportune, de donner un magnifique essor aux œuvres de tout genre, d'en susciter de nouvelles, et de multiplier son action pour communiquer à toutes les branches de l'élément religieux une puissance de vie, une sève d'accroissement et un souffle de prospérité admirables.

Il avait, d'ailleurs, pour réaliser de semblables merveilles, reçu du Ciel des dons exceptionnels : une brillante intelligence, une volonté droite et un cœur loyal et bon.

Il aimait et il encourageait les honorables membres des conférences de Saint-Vincent de Paul, cette chevalerie moderne, cette pacifique croisade des temps nouveaux, cette race invincible qui renaît du sein déchiré de l'Église ! Pieux et doux soldats de la charité ! Serviteurs de la vérité par la parole et par l'aumône ! Humbles et grands chrétiens, qui vont éclairer, consoler et soulager le pauvre, sous la bannière de la confraternité !

De tout son pouvoir, il favorisait les cercles catholiques, les comités, les syndicats, qui, par leurs études et par leur dévouement, préparent le pacte béni entre le capital et le travail.

Et je ne sais ce qui le réjouissait le plus de ces ardentes initiatives ou des largesses sans mesure, dans nos jours si souvent frappés d'égoïsme et de stérilité, montrant la vitalité indestructible de l'Église, dont ses ennemis proclament vainement la faiblesse et le déclin !

XIII

Mais son zèle et ses mérites étaient dignes d'un plus vaste théâtre.

Sur un grand fond de gloire militaire, d'éclat intellectuel, de conquêtes de la science, de labeurs de l'industrie, de transformations sociales, qui forme le tissu de la France moderne, se détache pure et douce la physionomie de son admirable clergé.

Il apparaît au sommet des choses religieuses,

sans que les ruines et les commotions publiques l'aient jamais surpris fléchissant ou découragé.

Devant le despotisme qui menace et éblouit, devant les astuces qui énervent, devant les cruelles méfiances des multitudes, voilà plus d'un siècle qu'il passe en faisant le bien, maudit et bénissant, pacifique, désintéressé, ne luttant qu'à regret, mais luttant sans crainte pour Dieu dont il est le ministre, pour le peuple dont il est le fils par son origine et le père par sa mission !

Sans doute, la stratégie change avec les circonstances. Les natures sont diverses et les dons sont multiples.

Les uns, à l'initiative généreuse, poussent de courageux cris d'alarme. C'est le clairon qui retentit et rend un son certain, pour que l'armée du bien ne se laisse ni diviser ni abattre.

D'autres, prudents et modérés, cherchent les voies d'une paix loyale. Et de cet ensemble des forces catholiques résulte l'harmonie de l'Église militante.

Ce sera l'incomparable honneur du clergé d'avoir été debout, à notre époque tourmentée, sur ce sol mouvant des constitutions politiques, serviteur infatigable, toujours fidèle de la France et de la religion !

Et Mgr Paul Malabat a sa place glorieuse dans cette illustre phalange sacerdotale.

D'autre part, Dieu a fait l'ordre hiérarchique de l'Église comme il a fait les astres du firmament. Et il n'a pas donné à toutes les étoiles la même clarté, le même rang ni la même destination.

Il faut à l'Église des hommes d'action, des ouvriers apostoliques, qui soient occupés du soin des âmes, qui soient, jour et nuit, avec elles, qui les dirigent, qui les conduisent par la main dans les âpres sentiers de la vertu, et qui les défendent du vice et de l'erreur.

C'est-à-dire que Dieu, qui a fondé l'Église pour le salut des âmes, a établi au milieu d'elles un ministère sans pareil dans le monde.

En effet, dans ce ministère incomparable, tel que Jésus-Christ l'a voulu et l'a déterminé, il y a du juge, du médecin, du docteur et du père.

Oui, tous ces ministères, tous ces dévouements, tous ces sacrifices, ennoblis et transfigurés par la grâce, viennent se réunir dans le prêtre, directeur des âmes, pour former la plus éminente et la plus salutaire de toutes les fonctions, la fonction pastorale.

Or, Mgr Paul Malabat était supérieurement doué pour une telle fonction.

Rarement, on a vu dans un accord plus heureux toutes les qualités que décrivait saint Grégoire le Grand, lorsqu'il demandait pour cet art des arts une douceur exempte de mollesse, une fermeté sans raideur, un zèle réglé par la sagesse, une bonté qui ne dégénère pas en faiblesse, une piété qui ne se refroidisse jamais.

Nommé curé de la petite ville d'Escarbotin, Mgr Paul Malabat était père par l'autorité, et mère par l'affection et la tendresse.

On avait admiré dans le vicaire de Saint-Remy d'Amiens le tact et la prudence si nécessaires dans la direction des âmes ; la fidélité au devoir, toujours égale, jusque dans les moindres choses ; cette rectitude de jugement et cette parole affectueuse, qui gagnent la confiance ; son grand talent pour la prédication et cette charité compatissante, qui incline vers les petits, les pauvres et les malades.

Aussi, la joie des habitants d'Escarbotin fut bien vive et profonde, quand Mgr Paul Malabat leur arriva comme pasteur, le dimanche 12 septembre 1880.

Sa paroisse, très vivante et très chrétienne, c'est le foyer de l'éducation religieuse et morale de près de deux mille âmes ; c'est la chaire d'où il fera descendre sur ses fidèles la parole de vérité, c'est la table sacrée où il fera asseoir, tous les ans, à Pâques et aux principales fêtes, le plus grand nombre de ses paroissiens ; c'est la piscine sainte, où il purifiera les âmes dans le sang de Jésus-Christ.

Là, s'accompliront, sous le regard des anges, les actes les plus importants et les plus solennels de la vie. Là, s'abriteront les luttes, les douleurs et les allégresses de tous. Là sera le terme de notre pèlerinage sur la terre. Et là notre mémoire se conservera dans le cœur de nos parents et sur les lèvres du prêtre qui aura béni notre dépouille mortelle.

Ah ! heureux les pays où de tels sentiments n'ont rien perdu de leur caractère divin et de leur charme surnaturel !

Nul ne sentait plus fortement ces choses que le nouveau curé. Et voilà pourquoi, dès le début de son saint ministère, il sut se montrer à la hauteur de sa situation.

L'amabilité qui attire s'alliait si bien en lui à la dignité qui impose le respect, qu'en peu de temps il était aimé et vénéré de tous.

Ferme, prudent et sage, il ne reculait devant aucun sacrifice, quand il s'agissait de Dieu, des âmes et de la religion.

Quel n'était pas son attachement pour sa belle paroisse ! Il s'était fait un devoir et une consolation d'étudier avec soin les dispositions, les caractères et tous les besoins de tous ses fidèles. Rien n'échappait à son regard clairvoyant, et il imprimait à toutes choses une activité féconde.

Accomplissant avec bonheur cette loi dictée par l'Esprit-Saint aux directeurs des âmes : « connais bien ton troupeau, et conduis avec soin tes brebis », il savait, après deux mois à peine de séjour, les noms et les habitudes de tous ses paroissiens. Père, guide et consolateur, il se faisait constamment tout à tous. Les petits et les humbles recevaient le même gracieux accueil que les grands et les riches. Et on pouvait déjà lui appliquer cette admirable comparaison de

Bossuet, lorsqu'il parlait d'un saint : c'est la poule qui aide ses poussins à marcher, qui les guide, qui les nourrit et les ramène doucement auprès d'elle, qui appelle d'une voix pressante ceux qui s'éloignent, et qui les couvre tous sous ses ailes et contre son cœur.

Aussi, l'enthousiasme devint vite général. Mais le bon pasteur, sans s'arrêter à l'éclat des ovations et des louanges, n'en était que plus ardemment dévoué à la gloire de Dieu et au salut de ses chères ouailles. Il se multipliait pour le relèvement et la sanctification de son peuple, déployant tout son zèle, avec sa haute intelligence, son âme pleine d'aspirations généreuses, sa voix chaude et sympathique, et son éloquence qui coulait à pleins bords, impétueuse et chantante comme les eaux de Lestrigon dont les murmures avaient bercé ses premières années.

Doué d'une vigoureuse constitution, dont parfois il abusa peut-être, d'après ce principe que dans les temps où nous sommes un prêtre n'a pas le droit de se reposer, il travailla, pour répondre aux besoins spirituels et matériels de ceux dont il était le père, avec une ardeur dévorante.

Et dans tout ce qui touchait à l'honneur du culte divin, Mgr Malabat cherchait à être magnifique et pompeux. Quel zèle et quel empressement à décorer, à embellir et à enrichir son église, pour en faire une demeure vraiment digne de Dieu ! Que dire des somptueux ornements, des boiseries superbes, des lustres splendides, des nombreux et brillants candélabres, des admirables vitraux, du chemin de croix d'une rare beauté, et des peintures murales dont il dota le temple saint, et qui en font un des plus remarquables édifices religieux du diocèse !

Rien n'échappait à sa vigilance et à ses soins dans les moindres détails du service divin, ni même dans les chants liturgiques. C'est lui qui réglait tout, et qui dirigeait tout. Et on pouvait lui appliquer l'éloge que saint Jérôme faisait de Népotien. Il examinait attentivement si les autels avaient leurs parures, si la sacristie avait sa décence et son ordre, et si les vases et les linges sacrés avaient la blancheur et la richesse convenables, si le pavé et les murs étaient bien nettoyés.

Sa sollicitude ne lui laissait rien voir de petit dans les choses du culte. Il avait l'œil à tout, et il était, on peut le dire, jaloux de son église. Il prenait plaisir à parer lui-même les autels et le saint tabernacle. Il s'y employait de tout son cœur.

Les jours de grandes fêtes, le sanctuaire resplendissait de lumières et de fleurs. A Noël, à Pâques, à la Pentecôte, à la solennité du Très Saint-Sacrement, à la Toussaint, il prévoyait tout et il combinait tout, pour que rien ne manquât à l'éclat et à la pompe de ces solennités.

Ses annonces du prône étaient toujours écrites; et tout était bien ordonné dans l'accomplissement des offices de la semaine.

Ses registres de baptêmes, de mariages, de

premières communions, de confirmation, de communions pascales étaient exactement et proprement tenus.

Ah ! c'est beaucoup, sans doute, pour le bien des âmes de pouvoir donner un curé à chaque paroisse. Mais ce qui importe encore davantage, c'est de pouvoir lui donner un curé aimant l'ordre et la discipline.

De là pour Mgr Malabat son extrême désir de suivre en toutes choses les prescriptions, les règles et les usages, afin de ne rien oublier et de ne rien laisser à l'arbitraire. C'était ce même sentiment qui lui faisait mettre tant de gravité et tant de majesté dans les cérémonies.

Quelle constance et quelle application dans les catéchismes et dans le ministère de la prédication ! Quelle ardeur à soutenir et à multiplier les œuvres, les associations et les confréries qui sont la vie d'une paroisse !

Il n'y avait ni trêve ni relâche dans toutes ses journées consacrées à la gloire de Dieu et au service des âmes !

—◆§•:0:•§◆—

XIV

De grand matin, on le voyait entrer dans son église, où il passait au moins une heure à prier, à méditer et à confesser.

Il était accessible à quiconque venait chercher auprès de lui des lumières et des consolations.

Il récitait son bréviaire et disait la sainte Messe avec une foi et une piété angéliques. Que de fois, au moment solennel de la Consécration et de la Communion on l'a vu pleurer de bonheur et d'amour !

Voici son memento des vivants et des morts : « En récitant le saint Office, en célébrant la sainte Messe, en disant le chapelet, et dans mes autres exercices de piété, j'ai l'intention de prier pour : mon père, ma mère, mes frères, mes sœurs, mes belles-sœurs, mon neveu et mes nièces ; tous mes parents et ceux de ma famille ; tous ceux qui prient pour moi et pour les miens ; tous mes amis et bienfaiteurs, et ceux de ma famille ; mes supérieurs et directeurs ; mes pénitents et pénitentes ; tous ceux qui se sont recommandés à mes prières ; tous ceux pour qui j'ai quelque obligation de prier ; les familles et les personnes plus connues et plus amies ; les pécheurs, les malades, les agonisants, tous ceux avec qui mon ministère m'a mis en relation ; tous ceux pour qui j'ai dit la sainte Messe ; tous ceux à qui j'ai administré quelque sacrement ; tous ceux que j'ai moins édifiés, contristés ou blessés ; mes ennemis et ceux de ma famille ; les paroisses où j'ai prêché, et les œuvres que j'y ai établies ; le pape, mon évêque, le clergé, les vocations et les communautés ; les écoles catholiques ; l'Église et la France !

« Mon père, décédé pieusement et administré des sacrements de notre mère la sainte Église, à

Brocas, le vendredi-saint, 25 mars 1869, à l'âge
de 64 ans ; ma mère, décédée pieusement, et
administrée des sacrements, au presbytère
d'Escarbotin, le vendredi, 12 février 1892, à l'âge
de 87 ans ; ma sœur Marinette, décédée pieusement et administrée des sacrements, au pensionnat des Sœurs de Saint-Vincent de Paul, rue
Saint-Guillaume, à Paris, le jeudi, 8 décembre 1860,
à l'âge de 12 ans ; mon frère Eugène, décédé
pieusement et administré des sacrements, au
château d'Ochancourt, le samedi, 26 septembre 1891, à l'âge de 48 ans ; ma sœur Marceline,
Fille de la Charité de Saint-Vincent de Paul,
décédée saintement et administrée de tous les
sacrements, à l'asile des vieillards, à Libourne,
le mardi, 13 août 1895, à l'âge de 57 ans ; tous
les défunts qui ont autrefois prié pour moi et
pour les miens ; tous ceux qui m'ont demandé,
durant leur vie, des messes ou des prières ;
tous ceux pour qui j'ai quelque obligation de
prier ; toutes les âmes du purgatoire, et, en
particulier, celles de mes parents, de mes amis,
et de mes bienfaiteurs ; celles de mes pénitents
et pénitentes, celles avec lesquelles mon ministère m'a mis en relation ; celles que j'ai moins
édifiées et offensées ; celles qui sont en purgatoire par ma faute, ; celles qui y sont les plus
abandonnées ; celles qui ne m'ont pas aimé ; et celles qui attendent mes Messes et mes prières ! ! ! »

En vérité, quoi de plus pieux et de plus émou-
vant !

XV

Au presbytère, il travaillait avec persévérance. Les saintes Écritures lui étaient familières. Il faisait de l'Ancien et du Nouveau Testament sa lecture assidue et fructueuse. Il se pénétrait aussi des pages admirables que nous a laissées la vénérable antiquité. Et, à cette double école de l'Écriture et de la Tradition, il puisait, chaque jour, les plus vastes connaissances.

Il écrivait toutes ses instructions, dont la plupart sont imprimées, et forment un riche trésor pour les curés et les prédicateurs.

Sa porte, comme son cœur, était toujours ouverte à tous ceux qui avaient un conseil ou un secours à demander. On était assuré d'être accueilli avec une extrême bonté ; et on sortait encouragé, édifié et consolé.

Il se prodiguait, et rien n'échappait à sa sollicitude. Il visitait, tous les jours, les malades. Et il employait le reste de son temps à des œuvres de charité, allant porter des paroles affectueuses à ceux-ci, des aumônes à ceux-là, et se donnant à tous dans l'effusion d'un zèle qui ne se laissait jamais effrayer par les obstacles, ni ralentir par la fatigue.

Il trouvait son bonheur au milieu de son troupeau ; et il avait pour chacun un mot de paix et d'affection. Il ne se plaignait jamais de rien ni de personne, marquant chacun de ses pas par quelque heureux bienfait.

C'est ainsi que son ministère était si profitable à la gloire de Dieu et au salut des âmes !

Voilà ce qui faisait le mérite et l'excellence de la vie de notre cher pasteur.

XVI

Le cœur seul sait et peut apprécier, comme il faut, les qualités, les vertus et les services d'un tel prêtre, qui a toujours été, sans jamais se démentir, le vrai type du ministre de Dieu, le père du clergé, et ce que l'Apôtre appelle *forma gregis*, c'est-à-dire un modèle accompli.

Il s'était imposé une règle de vie assez austère, et il la suivait avec fidélité. Il ne laissait, pour ainsi dire, rien au caprice de la nature, et son existence était presque celle d'un religieux. « C'est Dieu que nous servons, répétait-il souvent, et c'est sa volonté qu'il faut exécuter. Faisons donc que toutes nos actions soient dignes du grand Maître auquel nous les offrons ! »

Mais cet assujettissement continuel à la sainte volonté du Très-Haut ne lui suffisait pas, et il trouvait ses délices à châtier sa chair.

Toutefois, Mgr Paul Malabat était trop éclairé pour ne pas donner la plus large part à la mortification intérieure. Il veillait donc avec une extrême attention sur tous les mouvements de son âme. Il en visitait, chaque soir, les replis par un sérieux examen de conscience. Et, selon la belle expression de saint François de Sales, il en arrachait sans pitié toutes les fibres qui n'étaient pas pour Dieu.

Il vivait dans une incessante immolation de lui-même et dans une dépendance absolue du Seigneur.

Que veut de moi Jésus-Christ, en ce moment ? Comment penserait-il, s'il était à ma place ?

Comment parlerait-il ? Comment agirait-il ? Car je dois penser, parler et agir comme Lui.

Telle était sa devise et sa règle pratique !

—✦✛•:o:•✛✦—

XVII

Il excellait dans la direction des âmes.

Non seulement les fidèles affluaient à son confessionnal, mais plusieurs de ses confrères venaient, chaque quinzaine, demander à ce directeur éclairé, toujours estimé, sincèrement aimé, les lumières et les forces nécessaires pour bien s'acquitter des devoirs de leur saint ministère.

Tous les mois, il appelait aux sacrements de Pénitence et de l'Eucharistie les enfants de Marie et les mères chrétiennes. Et, à chaque grande fête, il préparait à la sainte communion des centaines de personnes. Convaincu que la vie chrétienne naît et se développe dans la participation au corps et au sang de Jésus-Christ, tous ses efforts tendaient à faire communier le plus souvent possible.

Il s'attachait à suivre dans les âmes l'action même de Dieu ; et il les dirigeait avec une rare perspicacité dans toutes les voies du bien. Il cultivait les vertus naissantes avec la sollicitude du jardinier, qui arrose la plante, la taille, la redresse, et s'en remet pour le reste à Celui qui donne la croissance. Il appropriait les conseils aux besoins d'un chacun, et il usait de tous les moyens pour faire de plus en plus aimer et servir Dieu !

—◆{•:o:•}◆—

Pendant qu'il travaillait ainsi avec persévérance à la gloire de Dieu et au salut des âmes, il fut le premier à ressentir la douloureuse stupéfaction du monde, quand, d'un pôle à l'autre, avec la rapidité de l'éclair, retentit le cri : Pie IX est mort !

Le deuil atteignait tous les cœurs. Amis et ennemis s'inclinaient avec une religieuse émotion devant cette mort, devant cet astre qui se couchait dans la splendeur de sa gloire, et laissait l'univers attristé dans les ombres de la nuit !

Pie IX est mort ! Mais la terre entière porte l'empreinte de sa parole vivante et de son action souveraine. Les infidèles ont reçu ses apôtres, les nations protestantes ont ouvert leurs portes à ses évêques, les Ordres religieux sont en pleine floraison, l'armée catholique du bien a grandi vaillante et disciplinée, la hiérarchie a resserré ses liens, les sociétés ont entendu les périls qui les menacent et les enseignements qui peuvent les guérir, le règne de Dieu s'est affermi, et Jésus, l'immortel roi des âmes et des peuples, a été prêché, servi et aimé par le successeur de Pierre, lui redisant par sa voix, par ses œuvres, et par ses douleurs devant les négations, les attaques et les haines : « Vous êtes le Christ, le Fils du Dieu vivant ! » Oui, serviteur fidèle, il a confessé son Maître en face des princes et des peuples. Il l'a glorifié dans son Église, qu'il laisse plus forte dans son unité et son universalité !

Il a fait resplendir d'un éclat plus vif le diadème de sa Mère immaculée.

Il lui a formé une couronne de ses glorieux canonisés, martyrs, vierges, confesseurs et mendiants, qui chantent la fécondité du sang rédempteur !

Pie IX est mort ! Mais n'a-t-il pas réalisé la prophétie de l'illustre philosophe chrétien : « Nous marchons à la présence réelle de la papauté dans le monde ! »

Et, en effet, la papauté a-t-elle été jamais plus vivante et plus visible depuis dix-neuf siècles ?

La politique, qui épiait cette heure suprême, fut déconcertée par sa soudaineté. Les habiles et les forts comptaient sur une crise aiguë, sur un deuil prolongé de la chrétienté. Mais ils tissaient des toiles d'araignées contre l'action de l'Esprit-Saint.

Supérieur aux petits calculs, le conclave acclama Léon XIII. Et l'élu de Dieu soutiendra

sans fléchir, avec la triple couronne, le pesant
héritage de l'autorité de Jésus-Christ, et du monde
à lui conquérir !

Le nouveau Pontife offre à l'admiration de la
chrétienté une haute intelligence, une longue
étude des sciences ecclésiastiques, une douceur
calme et pleine de fermeté. La connaissance qu'il
a des choses de notre temps, les fonctions diverses
qu'il a remplies, les mouvements politiques auxquels il s'est trouvé mêlé l'ont préparé au gouvernement si difficile de l'Église universelle.

Voilà pourquoi Mgr Malabat aimait tant à
redire : que Léon XIII d'une main arrêterait les
destructeurs qui menacent la civilisation chrétienne, et de l'autre conduirait tous les peuples à
la science par la foi, et à la liberté par l'ordre et
par l'amour !

Mais il regretta et pleura profondément le saint
pape Pie IX. Il fit exposer dans son église le
parement de soutane et la calotte de l'immortel
et vénéré Pontife ; et devant un grand concours
de fidèles, il célébra en son honneur et pour le
repos de son âme un office très solennel !

XVIII

Avec tant de labeurs et tant de zèle déployé,
comment un réveil de l'esprit chrétien n'aurait-il
pas eu lieu dans sa chère paroisse ? Car le minis-

tère de notre pieux pasteur était un apostolat incessant. Il prêchait pour ainsi dire du matin jusqu'au soir, profitant même de ses visites à domicile et de ses rencontres dans la rue pour donner les plus sages conseils.

Chaque dimanche, à la messe, aux vêpres et à la réunion du soir, il faisait à un peuple avide de l'entendre des prônes et des sermons qui sont restés des modèles du genre. Pendant l'Avent, le Carême, le mois de Marie, l'octave du très saint Sacrement, le mois du Sacré-Cœur et l'octave des Morts, il donnait une suite d'instructions, toujours courtes mais pratiques, qu'on n'a pas oubliées. Il y avait, d'ailleurs, dans son langage tant de bonté et un tel accent de conviction et de sincérité que les plus indifférents eux-mêmes ne pouvaient se défendre d'en ressentir une émotion profonde !

En présence de tant d'âmes à sauver, il ne ménageait ni son temps ni ses forces. D'autant qu'il était persuadé que seul l'enseignement chrétien est capable d'éclairer les esprits et de former les cœurs.

Depuis la chute originelle, notre esprit est sujet à l'erreur, et notre cœur est incliné au mal. Le mal nous fascine, nous attire et nous entraîne presque inévitablement. Et le mal qui nous attire le plus, c'est celui qui nous souille et nous corrompt.

Il faut donc se hâter de venir au secours de notre âme, et de la retenir dans l'innocence et dans la dignité. Faute de quoi, la défaillance est certaine, et le naufrage de la pureté va bientôt faire pleurer les anges !

Mais pour la retenir, il faut un frein ; et quel sera ce frein ? Il n'y en a pas d'autre que celui que donne l'enseignement chrétien. Qu'est-ce, en effet, que la morale indépendante de l'enseignement de la libre pensée ? Ce n'est pas autre chose que l'indépendance de toute règle et de toute morale ! Or, sans règle et sans morale, faites donc des cœurs purs ! Cela est impossible !

Il y a, en France, une jeunesse chaste, une jeunesse qui se respecte sous le regard de Dieu. Mais cette jeunesse de quel enseignement vit-elle ? Uniquement de l'enseignement chrétien.

A côté de celle-là, il y en a une autre, dont Chateaubriand disait avec tristesse : « Quand je regarde les jeunes gens du jour, je crains que Dieu veuille perdre le monde ! »

Sans doute, dans les rangs de cette jeunesse sans tenue et sans mœurs, l'enseignement chrétien a la douleur de compter plus d'un de ses disciples, qui, infidèles aux principes reçus, se sont égarés dans les régions du vice ! Mais on peut espérer que ces enfants prodigues reviendront de leur égarement ! Il leur suffira de se souvenir.

Tandis que du disciple de l'enseignement de la libre pensée que peut-on en attendre ? Il n'a derrière lui aucune idée chrétienne qui fasse naître le remords et sollicite son retour !

Et puis, déchue comme notre esprit, déchue

comme notre cœur, notre volonté est presque impuissante pour le bien. Si nous voulons obtenir d'elle qu'elle prenne son essor vers la vertu et vers la sainteté, il faut lui donner des motifs proportionnés à ce noble dessein. Et ces motifs, l'enseignement chrétien seul les connaît et les donne! Ils se résument tous dans le nom adoré de Jésus-Christ. Oui, ce nom, avec ce qu'il rappelle, avec tout ce qu'il dit à l'âme baptisée, suffit pour faire de nous des saints et des martyrs!

Voilà pourquoi Mgr Malabat s'appliquait avec tant d'ardeur à instruire son peuple, et à lui faire de plus en plus connaître la doctrine chrétienne. C'était un missionnaire. Avec un soin jaloux, il cherchait à étendre la vérité et à la compléter. Aussi, personne, plus que lui, n'aima à encourager les études, à suivre le mouvement des sciences, et à applaudir aux triomphes de l'instruction.

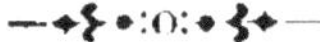

XIX

Mais là où éclataient encore son empressement, sa douceur et son aménité, c'était au milieu des enfants.

Il avait à cœur leur éducation chrétienne. Et il ne cessait de dire que c'est à la mère de la donner.

Il y a des enfants qui révèlent toute la délicatesse, toute la fraîcheur et toute l'affection d'une âme bien élevée. Et de ceux-là on peut dire sans crainte : voilà l'œuvre de leur mère vertueuse et chrétienne !

Mais il y en a d'autres aussi, qui montrent des dispositions moins heureuses. Et d'où cela vient-il ? de ce que leurs parents ne se sont pas occupés de leur éducation.

Ah ! il y a, en effet, des pères et des mères bien coupables ! qui se déchargent, au mépris de leurs devoirs les plus sacrés, du soin d'élever leurs enfants ! les maîtres et les maîtresses peuvent leur venir en aide, mais non les remplacer !

Il faut que les parents jettent les premiers fondements, qu'ils éveillent l'intelligence et qu'ils ouvrent le cœur aux sentiments les plus nobles et les plus pieux. Un fils, qui a reçu de son père et de sa mère les premières leçons et les premiers principes, s'en souvient toujours !

D'ailleurs, l'instruction sans l'éducation ne formera jamais un homme.

L'instruction enrichit l'esprit, développe les idées, donne le goût et le tact littéraires. Mais l'éducation seule forme le cœur et trempe le caractère. Elle donne ces sentiments élevés, cette bienséance, ce bon ton, cette honnêteté, cette vertu, et tout cet ensemble qui font l'homme distingué, vertueux, aimable et dévoué.

Et, dans cette éducation, Mgr Malabat avait un véritable culte pour le principe d'autorité.

Selon lui, l'éducation chrétienne doit être, avant tout, une école d'obéissance et de respect.

L'obéissance lui apparaissait comme l'un des meilleurs moyens de préparer des âmes vaillantes, capables de soutenir les combats de la vie. Et il repoussait de toutes ses forces cette théorie moderne d'après laquelle un enfant doit être émancipé de bonne heure, sous le prétexte qu'il apprend de la sorte à faire un bon usage de la liberté.

Système faux et désastreux, qui place prématurément un jeune homme en face de séductions dont il ne voit que l'aspect attrayant, qui le jette au milieu de la mêlée quand il n'est pas encore suffisamment armé pour la lutte, et qui le livre sans défense aux ennemis de sa foi et de sa pureté !

Exposer un enfant aux mauvaises influences afin de l'aguerrir, c'est rendre sa défaite certaine et compromettre son avenir !

Aussi, Mgr Malabat blâmait-il avec sévérité la conduite de ces parents qui permettent à leurs enfants toutes sortes de lectures, qui les conduisent au théâtre et dans les fêtes mondaines pour qu'ils y fassent, disent-ils, l'apprentissage de la vie. Agir ainsi c'est détruire toute éducation ! c'est apprendre la licence et le vice, au lieu de la vertu et de la liberté !

Tandis que mûri par l'âge et l'expérience, mieux affermi par la pratique du bien, prémuni d'avance par de sages conseils contre les périls qui l'attendent, l'enfant se trouvera dans les meilleures conditions pour garder sa foi et son honneur !

Avec ces idées et ces principes, le bon curé considérait qu'instruire les enfants et orner leur esprit des connaissances nécessaires pour les luttes de la vie, ce n'était là que la moindre partie de son saint ministère. Ce qu'il cherchait surtout, c'était de faire des chrétiens, c'est-à-dire d'éclairer et de sauver ces âmes de dix ans !

Ces âmes lui étaient infiniment chères. Pour elles il avait des tendresses ineffables. Et si on avait ouvert le cœur de cet illustre ami, on y aurait trouvé ce qu'exprimait saint Paul dans ces courtes mais sublimes paroles : « Tout n'est rien en comparaison des âmes ! et Dieu me préserve d'avoir d'autre ambition que celle de me dépenser pour elles ! »

Aussi, le pieux pasteur se plaisait avec ses chers enfants. Son bonheur et son charme étaient de les voir, de les catéchiser et de les bénir. Il avait pour eux des amabilités vraiment inépuisables. Il les appelait tous les jours à l'église, à leur sortie de classe. Et, pendant près d'une heure, il usait de tous les moyens et de toutes les industries pour les intéresser, les instruire et les bien élever.

On se souvient encore de tout ce que son zèle lui faisait inventer : images, bons points, médailles et livres de piété, pour les faire avancer dans la connaissance de la religion et la pratique de toutes les vertus.

Rien de plus admirable et de plus édifiant que ces catéchismes, dont les enfants conservent une si précieuse et si douce mémoire ! Son exposition était toujours claire et précise. Et il savait fortifier sa doctrine par des exemples et des comparaisons accessibles à tous.

Ah ! il sentait que si l'éducation et l'instruction chrétienne des enfants commandent, en tout temps, l'attention des curés, elles doivent devenir pour eux le plus grave des soucis à une époque comme la nôtre, où la lutte contre la foi et l'incrédulité sont plus ardentes que jamais !

Il avait l'esprit trop juste et le coup d'œil trop pénétrant pour ne pas voir qu'il s'agissait là d'une question de vie ou de mort pour la France chrétienne.

Avec tous ses confrères, il regardait les nouvelles lois scolaires comme absolument contraires aux droits de Dieu, aux droits de l'Église, aux droits et aux devoirs des parents et des enfants, et à la paix et à l'avenir moral de notre cher pays !

La liberté, répétait-il souvent, l'Église ne demande pas autre chose aux législateurs et aux gouvernements.

La liberté, en effet, est un grand bien, ou plutôt c'est la racine et la condition de tout bien.

Notre siècle est avide de liberté. Il s'est jeté à corps perdu dans la liberté. Il en a respiré l'air avec amour et il s'est enivré de ses parfums et de ses brises.

Jouissez donc de la liberté, ô sociétés modernes ! mais ne la gardez pas pour vous seules ! L'Église y a droit comme vous. Est-ce donc trop pour

votre libéralisme de ne pas lui forger des chaînes ?
N'est-ce donc pas pour tous que vous avez proclamé
la liberté, l'égalité et la fraternité dans la justice
et dans la vérité ? Et, à défaut de justice, votre
intérêt ne plaide-t-il pas en faveur de la liberté ?
Ce n'est pas pour elle, en effet, c'est pour vous
que l'Église veut être libre. Ce qu'elle vous
demande, c'est la liberté de vous faire du bien et
de répandre parmi vous la lumière ! c'est la
liberté de rendre vos enfants bons et purs ! la
liberté de secourir vos pauvres ! la liberté de soigner vos malades ! la liberté de consoler vos mou-
rants ! c'est la liberté de vous entr'ouvrir les perspectives immortelles, si douces après les maux de
cette vie ! c'est la liberté de vous défendre contre
l'anarchie qui menace vos fortunes et vos jours !
c'est la liberté de vous aimer et de vous sauver !
c'est la liberté de souffrir et de mourir pour vous !

Voilà, ô sociétés modernes, ce que vous réclame
l'Église.

C'est cette liberté que les grands catholiques
de ce siècle, les Montalembert et les Cornudet,
les Falloux et les Veuillot, les Lacordaire et les
Ravignan, les Dupanloup et les Freppel, les Ernoul
et les Lucien Brun, les Chesnelong et les de Mun
n'ont cessé de défendre. Et les accents les plus
pathétiques qu'aient entendus nos assemblées
parlementaires, c'est elle, la divine liberté, qui
les a inspirés !

C'est cette liberté que Mgr Paul Malabat, digne
héritier de ces illustres maîtres, réclama à son

tour, pendant toute sa vie, par sa voix magnifique et ses splendides écrits. En chaire, dans les cercles catholiques, dans les réunions privées ou publiques, partout, il revendiquait pour l'Église le droit de passer en faisant le bien.

Que dis-je? Vous l'avez entendu. Et quand ce nom de liberté, si beau sur ses lèvres frémissantes, en tombait sur les fidèles, il nous semblait alors qu'il ne se pouvait pas que tant de désirs et d'espoirs fussent déçus, et que la liberté, secouant ses chaînes, allait enfin sortir, vierge triomphante et vengée, de ses discours où tant de cœurs et de mains avaient battu pour elle!

Pauvres enfants, s'écriait-il au milieu de ses ouailles, on vous enseignera beaucoup de choses plus ou moins utiles; mais on vous laissera ignorer ce qu'il importe le plus de savoir, c'est-à-dire la science de la vertu, de vos obligations et de votre salut! Nés pour connaître, aimer et servir Dieu, devenus ses enfants par le baptême, incorporés à son Église et destinés au Ciel, on gardera pour vous sur ces graves questions un funeste silence! et l'on vous élèvera sans autre but, sans autre horizon que cette vie présente, ses plaisirs, ses honneurs, ses intérêts et ses jouissances, sans s'inquiéter de votre dignité chrétienne et de vos immortelles espérances! Heureux encore si on n'attaque pas ce que vous pouvez apprendre, au foyer domestique de vos parents chrétiens, ou recueillir, à l'église, de la bouche de vos zélés pasteurs!

Il ne voulait pas que la religion soit laissée à la porte de la classe, pour attendre l'enfant sur le seuil de l'église. Car elle doit pénétrer toute éducation de sa lumière, de sa vie et de sa sainteté.

Il demandait que l'élément chrétien purifiât et élevât de plus en plus les études littéraires, et qu'au lieu de les séparer on les fît participer aux beautés et aux sécurités de notre christianisme. Et ce n'était pas là des plaintes ou des désirs stériles. Car le digne curé ajoutait les actes aux paroles.

Non content d'éclairer les fidèles par d'éloquentes instructions, et d'exciter leur zèle pour fonder et soutenir des écoles catholiques, il donnait lui-même l'exemple de secours généreux. Il recueillait d'abondantes ressources pour des établissements qui offrent aux familles, avec les bienfaits de l'éducation chrétienne, tous les avantages de l'instruction classique.

L'Université instruit, mais elle n'élève pas. Pour donner l'éducation, il faut des éducateurs. Et pour en avoir, il faut en former. Mais comment pourra-t-on les former ? Quels principes de morale leur inculquer, dont ils puissent, à leur tour, pénétrer leurs élèves ? Car l'indispensable condition pour former moralement un jeune homme, c'est d'avoir des principes arrêtés, d'où découlent des règles de conduite s'appliquant à tous les actes de la vie et ayant une autorité qui s'impose.

Qu'on tourne, qu'on retourne mille fois la question, on n'échappera pas à cette vérité. En dehors de cette condition, l'enseignement du maître sera nul, et nulle la formation morale du disciple.

Dans l'Université on en est convaincu. Et voilà pourquoi on s'y met en quête d'un principe ou d'une foi quelconque. Et on les trouve dans l'honneur et le patriotisme.

Mais de quel poids pense-t-on que la considération de l'intérêt lointain et général de l'honneur et de la patrie pèsera, lorsque grondera l'orage des passions? Et puis, comment tirer de ces deux sentiments une direction pratique et une règle pour les diverses circonstances de la vie? Est-ce que, par exemple, le conservateur le plus obstiné et le socialiste le plus avancé ne prétendent pas, avec des théories et des actes contradictoires, être l'un et l'autre d'excellents patriotes et des hommes d'honneur?

Ah! vous ne voulez pas de la croyance religieuse pour base de la morale, eh bien cherchez ailleurs, cherchez toujours! mais, soyez-en sûrs, vous ne trouverez pas!

Aussi, quelles n'étaient pas les sympathies de Mgr Paul Malabat et son admiration pour les saintes religieuses et pour les vertueux Frères des écoles chrétiennes, qui se consacrent avec tant de zèle, d'abnégation et de dévouement à l'instruction et à l'éducation des enfants du peuple! Il comprenait, en vrai père des âmes, qu'on n'élève pas la jeunesse dans la foi et la vertu sans le catéchisme et sans l'instruction religieuse. Il comprenait que, dans la crise des passions, en face de l'impiété et de l'immoralité, il faut à l'enfant et à l'adolescent un fonds de connaissances et de convictions religieuses qui donnent la force et la noblesse de résister aux funestes penchants. Pour la famille et pour la société, il comprenait l'importance et la nécessité de l'enseignement chrétien !

Il repoussait dès lors comme un principe de ruine tout système d'éducation qui ne demande pas à la religion son fondement et son principal appui. Et il estimait que rien de solide et de durable ne peut se fonder sur le scepticisme, et que la religion catholique seule, avec ses principes, ses dogmes et sa morale, est pour la société la plus haute garantie et la source féconde d'union, de force et de progrès !

Car aucun progrès scientifique et surtout aucun progrès moral ne s'est jamais accompli sans la croyance en Dieu. Toute atteinte portée à cette croyance a un retentissement dans la conscience humaine et devient une atteinte portée à la morale.

Et voilà pourquoi Mgr Paul Malabat était si attaché à la grande œuvre de nos instituts catholiques.

La loi de 1833 avait voté la liberté de l'enseignement primaire ; celle de 1850 avait créé la liberté de l'enseignement secondaire ; et celle du 12 juillet 1875 accordait enfin la liberté de l'enseignement supérieur.

C'était une lutte de près de cinquante ans pour éclairer et pour sauver les âmes !

Aussi, il aimait et il soutenait de toutes ses forces de prêtre et de Français les collèges ecclésiastiques et les instituts catholiques.

Ces établissements ne datent que d'hier et ils ont déjà leur histoire.

Rien ne leur a manqué, ni les générosités inépuisables, ni les dévouements que rien ne lasse, ni la foi qui transporte les montagnes, ni les sympathies populaires, ni la renommée, ni les épreuves, ni les outrages.

Préparées de longue main dans le recueillement et la prière, nées pour la paix, et destinées cependant, dans les conseils de Dieu, à vivre au milieu d'une lutte défensive, menacées dès leur berceau et bientôt atteintes dans quelques-uns des droits que la loi leur avait solennellement garantis, ces maisons d'éducation et d'instruction n'ont cessé de grandir dans des conditions qui semblaient les condamner à décroître, poussant plus avant leurs racines sous les coups qui devaient les ébranler et les détruire.

On a pu les attaquer, mais on n'a pu atteindre l'esprit intérieur qui les anime, ni la place qu'elles gardent au premier rang des œuvres catholiques, ni l'indomptable espoir de recueillir, en des temps meilleurs, tous les bons résultats qu'elles promettent.

Ah ! Mgr Paul Malabat avait bien mesuré toute la haute portée religieuse, patriotique et sociale de ces institutions.

Sans doute, on a voulu, avant tout, mettre en

sûreté l'âme des étudiants. Mais on a voulu plus
encore. On a voulu préparer pour toutes les
carrières libérales, pour l'administration de la
justice, pour l'exercice de la noble profession
médicale, pour le barreau, pour le professorat,
des légions d'hommes de foi et de science, joi-
gnant au sentiment profond de leur responsa-
bilité sociale la foi en Dieu et en son assistance,
qui seule permet d'en porter le poids sans fléchir.

On a voulu offrir à tous les jeunes hommes, à
qui leur situation impose, bon gré mal gré, une
influence sociale, toutes les ressources qui peuvent élever leur esprit et leur âme au niveau de
leur tâche.

Et enfin, on a compris qu'en notre siècle la
lutte entre le bien et le mal, entre le Christ et
l'antéchrist n'est nulle part plus acharnée et plus
décisive que sur le terrain de la science. On a
compris que là est la région des principes d'où
tout découle et où tout se ramène, et que de ce
côté est le plus grand effort de l'ennemi pour
chasser Dieu de la société, de la famille et de
l'âme, en le chassant de la raison !

Et alors on a voulu créer de grands foyers de
pure et féconde lumière, qui ne se contentât pas
de refouler victorieusement la fausse science
athée et matérialiste, mais qui fît apparaître dans
leur unité magnifique et leur diversité harmo-
nieuse toutes les sciences divines et humaines,
et qui donnât ainsi, tel qu'on peut l'avoir ici-
bas, le dernier mot dans tous les problèmes du

monde de la matière et du monde de l'esprit, de la
vie des nations et de la vie des individus !

Voilà l'idéal qu'on a poursuivi, et qui, Dieu
aidant, se réalisera !

Malgré les attaques et les difficultés, elles sont
là debout et prospères ces maisons d'éducation
de Jésuites, de Dominicains, de prêtres libres,
que Pie IX bénissait avec prédilection et que
Léon XIII soutient avec amour ! où on arme
toute une jeunesse pour les combats de la religion, de la famille et de la société ! où on l'élève
chrétiennement et civiquement ! où on la trempe
dans la liberté, la justice et l'honneur ! où on
prouve, par des faits, que l'Église ne redoute
aucune lumière ! où on démontre, par les mêmes
faits, qu'il n'y a pas d'antinomie entre savoir et
croire ! où on suscite les plus beaux dévouements !
et où on jette à pleines mains en tous sillons
toutes semailles de vérité et de progrès moral et
matériel !

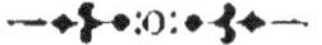

XX

Au milieu de tant de travaux et de tant de
succès, Mgr Paul Malabat était loin d'oublier sa
famille.

Il avait pris avec lui, à Escarbotin, sa mère
bien-aimée. Et il l'entourait des soins les plus
tendres et les plus attentifs. Il avait pour elle une

sorte de culte, s'attachant à rendre ses derniers jours tranquilles et heureux.

Son affection et son dévouement s'exerçaient aussi en faveur de ses frères. Grâce à Dieu, il venait de les établir avantageusement. Il avait marié Eugène à Mlle Maria Maquigny à Amiens, et Jules à Mlle Augusta Du Val de la Croix, au château d'Ochancourt.

Tous les deux étaient au comble du bonheur et de la prospérité. Le Ciel leur accordait toutes les consolations ; et l'intérieur de leurs maisons était un paradis. On y servait Dieu avec foi et piété, jouissant, en retour, d'une union et d'une paix parfaites.

Leurs femmes, éminemment chrétiennes, donnaient l'exemple de toutes les vertus. Et elles étaient universellement estimées et aimées. On ne savait que louer davantage ou de leurs qualités ou de leurs grands mérites.

Aussi, Mgr Paul Malabat remerciait-il souvent la divine Providence de lui avoir permis de procurer à ses deux frères tout ce qui constitue le bonheur de la vie !

XXI

Mais, hélas ! plus riche en vertus qu'en années, Eugène Malabat allait quitter ce monde !

C'était un homme excellent, loyal, extrêmement honnête et fortement chrétien.

Modeste et consciencieux, il était convaincu que la vie n'est pas une énigme sans but. Il possédait une croyance ferme et raisonnée. Et il avait, tout jeune encore, arrêté irrévocablement sa ligne de conduite dans l'honneur et la pratique de notre religion.

Plein de bonté, de douceur et de droiture, il ne comptait que des amis.

Il était prompt à s'enthousiasmer pour les belles et saintes causes de l'Église et de la France.

A dix-neuf ans, il s'engagea à l'École militaire de Saumur. Son âme généreuse éprouvait le besoin de se dévouer au service de son pays.

Il revêtit donc l'uniforme de soldat, qu'il était si heureux et si fier de porter !

La vie dure et fatigante de l'école n'avait que des charmes pour lui. Toutes ses lettres, écrites à sa famille, respiraient la joie et le contentement.

Mais le moment de combattre les ennemis de la France venait de sonner. Intrépide officier au 12ᵉ chasseurs, pendant la guerre de 1870, Eugène Malabat se fit partout remarquer par son courage et sa valeur. C'était une de ces natures qui aiment le péril et s'y exposent volontiers. Brave jusqu'à la témérité, vaillant jusqu'à l'héroïsme, on le voyait toujours au premier rang. Il prit part à plus de dix batailles !

Après nos terribles désastres, vaincu mais non déshonoré, il sortit de l'armée et entra dans le commerce.

Son équité, sa bonne foi, sa franchise et sa courtoisie ne laissaient aucun doute. On l'appelait « le bon Monsieur Eugène ! » En effet, jamais homme meilleur et chrétien plus fervent. Toute la ville d'Amiens le connaissait et l'honorait à juste titre.

Ses qualités de l'esprit et du cœur étaient exceptionnelles. Et ceux qui avaient le privilège de son intimité, savaient la sûreté et la fidélité de ses aimables relations.

S'il ne siégea pas dans les conseils de la cité, il n'en rendit pas moins de nombreux et signalés services. Il faisait autour de lui le plus de bien possible, et sa vie n'était, à vrai dire, qu'une longue succession d'actes de dévouement.

Membre actif de plusieurs associations et œuvres de charité, il se multipliait et se dépensait sans réserve en faveur de tous ceux qui avaient recours à ses lumières et à son assistance, donnant avec prodigalité son temps et ses fatigues. Il mettait son bonheur à être secourable et à faire plaisir.

Au foyer domestique, il était le modèle des époux et des pères.

Au milieu de tant d'institutions qui périssent, parmi tant d'autorités qui succombent, il y a heureusement encore une chose impérissable et une autorité qui se soutient toujours. Oui, il y a encore un grand nom sur la terre : c'est le nom de père ! Il y a encore une grande chose : c'est l'autorité paternelle ! Malgré tant d'aberrations, le nom de père reste un nom d'autorité et de respect !

Dans la société humaine, rien n'est plus beau qu'un père gouvernant avec sagesse sa famille et élevant ses enfants dans l'honneur et la vertu.

Dieu est le père commun de tous les hommes. C'est sous ce nom glorieux et béni que nous l'invoquons chaque jour. Mais ce nom, avec tous les sublimes privilèges qui l'environnent, Dieu l'a communiqué à une créature. Et c'est le père qui nous apparaît ici-bas comme le premier ministre de la puissance et de la bonté du Père que nous avons au Ciel.

C'est ce qu'avait parfaitement compris Eugène Malabat. Il se considérait comme associé à la puissance et à la bonté de Dieu, non seulement pour donner la vie à des enfants, mais aussi pour leur donner une éducation chrétienne et leur transmettre, comme un dépôt sacré, le double héritage d'honneur et de religion qu'il avait lui-même reçu et conservé avec fidélité.

C'était un spectacle touchant de le voir les ins-truire lui-même et les former à la connaissance de nos plus saints mystères. Il présidait à leurs lectures pieuses et il s'appliquait à prier avec eux. Ensemble ils venaient louer Dieu dans son temple, écouter sa parole, participer au banquet divin, offrant au monde étonné et ravi l'exemple de la plus admirable pratique religieuse.

Et comme époux, il vivait avec sa chère femme dans l'union la plus douce. Sous le même toit et au même foyer, ils n'avaient à eux deux qu'un seul cœur, qu'une âme et qu'une vie. Partageant les biens et les maux, les consolations et les peines inévitables de cette vie présente, ils portaient avec amour le joug de l'Évangile. Dans une affection aussi tendre qu'inviolable, ils recevaient de Dieu toutes sortes de grâces et de prospérités !

Mais, hélas ! une maladie impitoyable vint trop prématurément arrêter le cours de ces mérites et briser tous ces liens. Ceux qui ont été les témoins attristés des ravages du mal, des efforts impuissants d'un médecin ami et dévoué, des larmes et des angoisses de toute la famille, sont incapables d'oublier ces pénibles moments. Ces scènes ne peuvent être reproduites, et font saigner le cœur !

A quarante-huit ans, Eugène Malabat se sentait encore si vigoureux qu'il ne pouvait pas croire qu'il dût mourir si tôt !

Aussi, lorsque son frère aîné, Mgr Malabat, voyant l'imminence du danger, lui proposa les derniers sacrements, son impression fut-elle profonde. Mais, en sérieux et solide chrétien, il lui serra la main et lui dit : « Mon cher Paul, je suis prêt ! Si Dieu veut me reprendre, je lui fais volontiers le sacrifice de ma vie ! Assurément, il m'en coûte de vous quitter ! il m'est infiniment pénible de me séparer de vous ! mais que la sainte volonté du Seigneur s'accomplisse ! »

Ces paroles furent prononcées avec un te

accent de foi, de confiance et de résignation, qu'on eût dit qu'il entrevoyait déjà le Ciel ouvert au-dessus de sa tête.

Et, en effet, Dieu ne tarda pas à rappeler à lui ce vaillant serviteur. Le samedi, 26 septembre 1891, après s'être confessé, et avoir reçu la sainte communion et l'extrême-onction en pleine connaissance et avec la piété la plus vive, vers huit heures du soir, Eugène Malabat s'endormit doucement dans la paix du Seigneur, au château d'Ochancourt, au milieu des prières, des sanglots et des embrassements de sa femme, de ses enfants, de sa mère, de ses deux frères, de sa belle-sœur et de nombreux amis !

Avec une confiance calme et sans reproches, et l'âme soutenue par une foi inébranlable, il a franchi sans crainte le seuil de l'éternité, laissant sur la terre une mémoire en bénédiction ! A l'exemple du Sauveur, il a passé en faisant le bien ; et ses vertus ont déjà obtenu dans un monde meilleur leur juste récompense !

Ses obsèques eurent lieu, le mardi, dans l'église d'Ochancourt, et furent honorées d'un très nombreux concours de prêtres et de fidèles. Ses amis voulurent entourer son cercueil et lui donner un dernier témoignage de leur estime et de leur affection. De leur part, c'était à la vie et à la mort !

Ah ! ce sera plus encore ; ce sera après la mort ! Car, entre chrétiens, les relations se prolongent au delà de la tombe ! Elles se continuent par les liens mystérieux et indissolubles de la communion des saints !

Et c'est là notre ferme espérance et notre douce consolation !

En attendant le jour de la Résurrection, son corps repose dans l'église d'Ochancourt, à côté de celui de son père, dans le caveau de famille qu'on doit au bon cœur de Jules Malabat et de sa pieuse épouse.

Des deux discours qui furent prononcés, il convient de citer cette péroraison : « O France ! ô Patrie trois fois chère ! ton nom est célèbre et respecté partout. Partout, de l'aurore au couchant, et du nord au midi, on parle des dons insignes que Dieu t'a faits ! Dieu t'a donné les qualités aimables de l'esprit et du cœur. Il t'a donné le génie des lettres, des sciences, des arts et du commerce. Il t'a surtout donné la gloire militaire ! Eh bien, tu viens de perdre un de tes meilleurs fils, un de tes plus honnêtes commerçants, et un de tes plus intrépides et fidèles soldats ! »

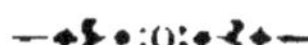

XXII

Cette mort fut poignante pour Mgr Paul Malabat ! Elle lui fut d'autant plus sensible qu'elle était moins prévue !

Eugène Malabat a laissé une veuve éplorée et cinq enfants dans la désolation : Marguerite

Antoinette, Joseph, Claire et Augusta. Tous ceux qui les connaissent se plaisent à faire leur éloge, et à les trouver d'une bonne éducation, d'un caractère aimable, et surtout d'une piété parfaite.

Daigne Dieu les bénir et les protéger !

Notre excellent ami s'attachera, d'ailleurs, avec son frère Jules, à veiller sur eux et à leur être utile.

XXIII

A travers ces déchirements et ces deuils, Mgr Paul Malabat ne se ralentit pas dans l'exercice de son saint ministère. Il n'en devint, au contraire, que plus ardent et plus dévoué pour la gloire de Dieu et le salut des âmes.

Homme d'initiative et de progrès, ayant la passion du bien, il en avait aussi le génie. Sa pensée et son ambition allaient bien au delà des œuvres ordinaires. Qui jamais s'entendit mieux que lui à multiplier et à cultiver les éléments et les moyens d'amélioration matérielle et morale ?

Son zèle était loin d'oublier les enfants, après leur première communion. Il les aimait de toutes les tendresses de son bon cœur, et il se préoccupait sans cesse de leur persévérance.

Pour les jeunes filles, il avait établi la Congrégation des Enfants de Marie qui, les jours de dimanches et de fêtes, trouvaient dans des réunions, chez les Sœurs, un agréable abri contre les séductions du monde et contre leur faiblesse.

Son bonheur était de présider ces réunions pleines d'entrain et de gaîté, où son cœur et son brillant esprit se plaisaient à montrer le chemin des grandes vérités et des fortes vertus. Le pieux curé s'y sentait à son aise. Et jamais on ne pourra redire l'impression que produisait sa parole enflammée dans ces assemblées qui semblaient un avant-goût du Ciel. Il savait y éclairer les esprits, toucher les cœurs et faire un bien réel.

Ah ! c'est que les âmes, les jeunes surtout, encore candides et innocentes, il les voyait, si on peut s'exprimer de la sorte, à travers la poitrine sacrée de Celui qui a dit : « Malheur à l'homme qui scandalise le moindre de ces petits ! »

C'est ainsi qu'il entretenait la piété, préservait la vertu, et préparait ces nombreuses communions mensuelles si fructueuses dans la paroisse.

Il avait également fondé la confrérie des Mères chrétiennes. Et tant pour elles que pour les enfants de Marie, il prêchait, chaque année, avec un succès croissant, une retraite de trois jours, avant la solennité de l'Immaculée-Conception.

Mais il est aussi du devoir du prêtre de se faire l'initiateur, le directeur et le propagateur de toutes les associations qui atteignent les hommes. Il faut faire triompher la sainte cause de Dieu et de l'Église, en instituant dans les paroisses les œuvres nécessaires.

Voilà pourquoi Mgr Malabat s'obstinait à créer et à maintenir, malgré les difficultés, un cercle ou patronage, une société de secours mutuels, qui lui permit d'entrer de temps en temps en rapport avec les jeunes gens et les hommes pour leur dire quelques bonnes paroles et leur enseigner le christianisme par l'examen scientifique de ses origines et par l'exposition philosophique de sa sainte doctrine.

Aujourd'hui, le peuple s'éloigne du clergé et se tient à distance. Pourquoi? Parce que, dans son esprit, on a semé à pleines mains contre lui des idées fausses et des préjugés déplorables. La mauvaise presse, par ses insinuations perfides, ses mensonges sans cesse répétés, a réussi jusqu'à un certain point à rendre le prêtre suspect, à le faire considérer comme un étranger, un ennemi, ou tout au moins comme un homme dont le peuple n'a rien à attendre dans l'ordre de ses intérêts matériels.

Ah! sans doute, nous nous tenons à la disposition des âmes. Nous remplissons vis-à-vis d'elles toutes les obligations de la charge pastorale. Nous prions pour elles, nous leur annonçons la parole de Dieu, nous sommes toujours prêts à les accueillir au tribunal de la pénitence, nous leur administrons les sacrements avec un zèle infatigable. Mais cela ne suffit plus.

Les incrédules et les indifférents, ceux qui vivent en dehors de l'ordre surnaturel n'en sont pas frappés. Et cependant ceux-là aussi, nous voulons et nous devons les atteindre. Il faut donc chercher autre chose pour les émouvoir et les

gagner. Notre dévouement à leurs intérêts spirituels ne leur dit presque plus rien. Il est donc
nécessaire de nous dévouer à leurs intérêts tem-
porels.

Aux beaux âges de la foi, au sein des populations profondément imbues du véritable esprit chrétien, le prêtre possédait une grande
influence sociale. Un curé n'était pas seulement
pasteur des âmes, mais sa paternité se faisait
également accepter et sentir à l'extérieur. Rien
ne se décidait dans la famille sans qu'il fût
consulté.

Pourquoi n'ambitionnerions-nous pas de faire
revivre ces bonnes traditions? N'est-ce pas là, en
vérité, l'idéal du pastorat?

C'est en se posant comme les défenseurs et les
vengeurs des intérêts matériels de nos paroissiens
que nos adversaires les détournent de nous et
souvent se les attachent, non pour leur être utiles,
mais pour les exploiter. Servons-nous des mêmes
moyens, nous qui voulons leur faire un véritable
bien.

N'avons-nous pas nous aussi une intelligence
et un cœur à mettre au service du peuple, si indi-
gnement trompé? Prenons-le en pitié, venons-
lui en aide, et, en l'éclairant, faisons-lui repous-
ser ces influences néfastes. Aux associations créées
pour l'embaucher dans l'armée du mal et compromettre à la fois ses intérêts du temps et de l'éternité, opposons des associations analogues, péné-
trées de l'esprit chrétien, qui seront son salut.

Soutenons, encourageons toutes les œuvres populaires.

Tant que nous n'aurons pas réussi à établir d'une manière ou d'une autre des œuvres qui nous rapprochent du peuple, qui nous mettent en contact avec lui, il nous manquera un élément capital d'influence.

Ce n'est pas assez d'atteindre et de sauver les jeunes filles et les femmes, il faut arriver jusqu'aux hommes. Car c'est surtout sur eux et par eux que nous pouvons espérer d'exercer cette action sociale, dont tout nous fait à cette heure un devoir.

C'est pour cela que Mgr Paul Malabat était entré si résolument dans ce nouveau champ d'apostolat. Il écoutait la voix des événements et plus encore la voix de Léon XIII, qui les domine, et qui s'efforce de les diriger pour le plus grand bien des âmes, de l'Église et de la société.

Il allait donc aux jeunes gens et aux hommes par toutes sortes d'industries et de corporations, pour les aimer et les sauver ! « Ah ! vous que j'aime de toute mon âme, disait-il, précisément parce que vous êtes la jeunesse, c'est-à-dire demain et l'aube qui se lève, tandis que nous sommes, nous, presque hier et le jour qui finit, jeunes gens, soyez chrétiens, aimez et servez Dieu ! »

Il connaissait d'expérience les amertumes et les fatigues de ce genre de ministère ; mais son âme héroïque et chrétienne avait pour devise celle du prince de Condé : « Le labeur m'est doux pour le Christ et mon pays ! » ou cette autre d'un grand et saint évêque : « Rien ne doit coûter pour l'honneur de l'Église, pour défendre ses droits, sa liberté sacrée ! et pour ce bien, s'il le fallait, je donnerai mes forces et ma tête ! »

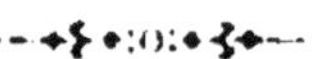

XXIV

Et tandis qu'il constatait avec joie que, dans les familles plus favorisées par l'intelligence et par la fortune la religion faisait les plus consolants progrès, il voyait avec tristesse que, dans la masse du peuple, l'indifférence et l'incrédulité augmentaient de plus en plus.

C'est, en effet, aux classes laborieuses que l'impiété s'adresse. C'est à elles qu'elle s'efforce de persuader que la religion avec ses dogmes et avec ses préceptes est un mensonge, que l'homme n'est sur la terre que pour amasser et jouir, et que le néant est le dernier mot de notre destinée.

C'est ainsi que l'impiété, de nos jours, fait le vide dans les âmes, pour n'y laisser debout, sur les ruines de la foi et de la conscience, que des appétits grossiers et des satisfactions brutales et perverses.

O Ciel, où en sommes-nous, en effet ? Le célèbre Leibnitz prophétisait jadis que l'athéisme serait la dernière des hérésies.

L'athéisme ! il a déployé son drapeau jusque sur nos hauteurs sociales ! Et des quatre vents de l'horizon, comme si un souffle d'enfer avait passé sur leurs têtes, des multitudes affolées accourent sous les plis du sinistre étendard ne demandant qu'à escalader le trône du Très-Haut. On a juré de chasser Dieu de partout. On veut le chasser de la politique, de la législature, de l'enseignement, du foyer domestique, de la mémoire même des hommes !

Et cela, après six mille ans de continuels bienfaits de la part de ce Dieu ! et cela, dans le pays de Charlemagne et de Clovis ! sur la terre de France, où autrefois retentissait ce cri national : « *Vivat Christus, rex Francorum !* Vive le Christ, roi des Francs ! » Et cela, après les cruelles leçons que la Providence vient de nous infliger ! lorsque nos désastres sont encore l'étonnement du monde ! lorsqu'il est évident que c'est la main de Dieu qui nous a éprouvés ! et que cette même main ne nous laisse subsister que pour nous donner le temps de réparer nos prévarications !

On veut chasser Dieu de partout ; mais que mettra-t-on à sa place ?

On y mettra, sans doute, la *Libre Pensée*, comme en 1793 on y mit la Raison.

Ah ! si cette race des athées s'emparait définitivement et absolument des affaires et du pouvoir, c'en serait fait, cette fois, de la France ! Mais, ô mon Dieu ! ne le permettez pas ! Elle s'appelait la Fille aînée de l'Église, la France du Christ, le plus beau royaume du monde ! Seigneur, faites qu'elle ne soit pas la nation répudiée !

Voilà pourquoi notre saint et dévoué Curé multipliait les œuvres, les réunions et les prédications, afin de préserver ses fidèles des dangers qui menaçaient leur foi et leurs mœurs.

C'est pour cela qu'il donnait souvent lui-même, et qu'il faisait donner par des confrères de talent ou par des missionnaires de renom des missions extraordinaires, pour éclairer, détruire les préjugés, et faire mieux connaître, pour les faire mieux aimer, Dieu et sa religion !

XXV

Justement préoccupé des conditions matérielles et morales de la classe ouvrière, il applaudissait au dévouement des hommes généreux qui prenaient à cœur d'améliorer le sort des travailleurs. A cette fin, il s'efforçait de grouper toutes les bonnes volontés. Il organisait des comités catholiques ; et, par tous les moyens, il s'attachait à accroître la foi et la pratique religieuse.

Est-ce que l'Église, d'ailleurs, n'est pas la Mère du progrès et de la civilisation ?

Si le monde n'est plus enveloppé dans les ténèbres de l'idolâtrie ; s'il n'est plus plongé dans la fange de la corruption antique ; si les débauches du paganisme ne sont plus qu'un objet d'horreur ; si l'atmosphère où se meut notre tête est devenue respirable pour une âme faite à l'image de Dieu ;

s'il y a une conscience publique qui flétrit l'effronterie du vice ; si des légions de captifs ne sont plus contraints de se faire égorger dans les amphithéâtres pour l'amusement du peuple souverain ; si Néron ne règne plus au Palatin ; s'il y a d'autres lois que le caprice d'un César ; en un mot, s'il existe sous le soleil une autre civilisation que celle des tyrans et des monstres, à qui le doit-on ? si ce n'est à l'Église ! L'auteur de cette transformation du monde, quel est-il ? si ce n'est l'Église !

Et la preuve que c'est bien l'Église qui est la mère de la civilisation moderne, c'est que partout où une nation se sépare de l'Église on voit reparaître aussitôt dans son sein toutes les erreurs et tous les vices, avec la barbarie des Néron et des Dioclétien.

Hélas ! on excite aujourd'hui la haine des classes populaires contre l'Église, sous le prétexte de je ne sais quelle pression qu'elle ferait peser sur elles. Quelle injustice !

Eh quoi ! accuser l'Église de tyranniser le peuple ! de ne pas aimer le peuple ! c'est le plus abominable mensonge, c'est la plus inique et affreuse calomnie ! car est-ce que depuis dix-neuf siècles l'Église n'est pas l'incomparable bienfaitrice du peuple ?

Le peuple, elle l'a trouvé écrasé sous les pieds d'un Tibère, avili, dégradé, sans autre droit que celui de se laisser corrompre au gré du despotisme ! Et elle s'éprit pour lui d'un amour

immense. Et pour le racheter, elle se mit à
prêcher, à faire retentir d'un bout de l'empire à
l'autre l'Évangile de Dieu, cet Évangile où il est
dit qu'il n'y a, devant Dieu, ni maître ni esclave !
que les petits, les pauvres, les malheureux sont
les frères de Jésus-Christ et ses amis préférés !
et qu'ils ont droit, en cette qualité, à des égards
exceptionnels !

Les puissances de la terre voulurent l'empêcher
de prêcher cet Évangile rédempteur du peuple.
Et elles couvrirent le monde d'instruments de
supplice. Mais l'Église dédaigna les tortures. Et,
pendant trois siècles, le sang coula à flots de ses
veines rompues ! Mais elle n'en continua pas
moins de prêcher et de frapper à coups redoublés
avec le marteau de la parole divine sur la vieille
société païenne. Et, quand ce monde fut brisé,
elle dit aux Rois qu'elle avait baptisés : « Souvenez-
vous que vous n'êtes rois que pour le bien et le
bonheur du peuple ! Vous devez être les pères de
vos sujets, les protecteurs des pauvres et des
petits ! » Et si les princes venaient à l'oublier,
elle les menaçait de ses foudres et de ses ana-
thèmes !

Et, en même temps, elle allait chercher les fils
du peuple dans les chaumières et dans les ateliers,
et elle les élevait à la dignité du sacerdoce, les
plaçant ainsi au-dessus de toutes les grandeurs
humaines ! Et comme l'a dit un grand évêque
contemporain : si ces fils de paysans, d'ouvriers
avaient du génie et des vertus, ils pouvaient par-

venir au premier trône du monde, et s'appeler Grégoire VII ou Sixte-Quint!

Et pour servir le peuple, pour le servir dans son corps et dans son âme, elle a couvert la terre d'asiles de tout genre, elle a créé des institutions pour tous les besoins, et fondé des écoles partout. Essayez de nommer un genre de misère populaire pour le service de laquelle l'Église n'ait suscité un genre particulier de dévouement? Vous n'y parviendrez pas!

Non! depuis dix-neuf siècles, l'Église n'a cessé ni un jour ni une heure de s'occuper du bonheur du peuple! de travailler à consoler ses douleurs, d'essuyer ses larmes, de soulager son indigence, de panser ses plaies, de diminuer ses fatigues et d'augmenter son bien-être! Tout ce qu'une mère peut imaginer en faveur de l'enfant le plus cher à son cœur, l'Église l'a imaginé et l'a fait pour le peuple! elle n'a rien oublié! Elle ne flatte pas, il est vrai, ses mauvaises passions. Elle ne le trouble pas à l'aide de décevantes utopies. Elle ne présente pas à ses lèvres la coupe enivrante, mais empoisonnée, des doctrines révolutionnaires. En un mot, elle ne le trompe pas!

Elle laisse à Dalila et aux Philistins le soin de flatter Samson et de l'enchaîner perfidement au nom de la liberté! le soin de l'aveugler au nom de l'égalité! et le soin de l'égarer au nom de la fraternité! Elle ne s'applique qu'à une chose, à son bien-être matériel et moral! elle veut le sauver! et elle veut le rendre heureux!

Voilà ce que ne cessait de prêcher et de réaliser Mgr Paul Malabat. Esprit sage et pondéré, autant que ferme et droit, il faisait la juste part de tous, et il s'intéressait à l'aisance et au bonheur de tous !

Car nous assistons à une transformation profonde, qui s'opère dans les idées, les mœurs et les tendances des peuples. Chaque jour nous éloigne d'un passé qui a eu ses grandeurs et ses gloires, mais qui en définitive est un passé. Nous marchons vers un avenir plein de menaces, et dont l'Église seule peut conjurer les dangers.

Il faut donc qu'elle se prépare aux éventualités prochaines, et à faire entendre aux générations nouvelles la parole qui, selon les temps, varie ses intonations pour aller à toutes les âmes et les gagner toutes à Jésus-Christ.

Nous touchons à la fin de ce siècle, que sera le siècle à venir ? Dieu seul le sait. Mais on peut supposer que deux forces se disputeront la direction des peuples, la Démocratie et cette Société, si vieille et cependant toujours jeune, qui s'appelle l'Église catholique.

Bien aveugles ceux qui ne voient pas se lever à l'horizon les signes précurseurs des temps nouveaux ; et bien sourds ceux qui n'entendent pas la parole du grand Pontife Léon XIII, que Dieu a choisi pour nous donner une nouvelle preuve de l'éternelle sagesse et de l'inépuisable fécondité de sa très sainte Église.

« Il faut que la démocratie, revenue à une appréciation plus saine et plus juste du rôle de l'Église, la regarde comme une alliée et non comme une ennemie. Il faut que ces deux forces unies, mais distinctes, assurent aux peuples la sécurité, la paix, le progrès, la grandeur et la liberté ! Il faut que la démocratie, baptisée par l'Église, reconnaisse la Mère qui l'a enfantée, en donnant au monde le dogme de la fraternité humaine ! » (Paroles de Mgr Paul Malabat.)

XXVI

S'il importe, à notre heure, qu'il y ait des prêtres connaissant le chemin des académies et des doctes assemblées où se discutent les problèmes de la science, il importe plus encore qu'il s'en trouve qui fassent applaudir la voix de la religion dans les grandes réunions populaires où les humbles et les travailleurs débattent leurs plus chers intérêts.

En face d'un prêtre respecté des savants, la libre pensée s'étonne ; mais devant un prêtre aimé du peuple, elle s'indigne et s'irrite.

Jusqu'ici, une sorte de convention, faite moitié de dignité et moitié de timidité, retenait le prêtre, en dehors des fonctions de son saint ministère, au seuil du presbytère ou de la sacristie. Plus d'un membre du clergé, docile à cette consigne, a pu de bonne foi se figurer qu'il avait ainsi rempli toute sa mission, faute d'avoir compris ou de s'être entendu dire qu'il en avait une autre.

Aujourd'hui, une tactique différente, et en tout cas plus fière, s'est fait jour. Et elle rallie des combattants plus nombreux et plus décidés à reconquérir pied à pied tout le terrain perdu.

Oh ! sans doute, sur cette route nouvelle les difficultés ne feront pas défaut. L'ennemi déploiera une âpreté plus vive dans la lutte ; mais la résurrection religieuse de la France est à ce prix.

On se lamente, dans notre cher pays, de voir des chambres et des ministères animés à l'égard de la religion d'intentions malveillantes. Mais a-t-on réfléchi que nous vivons dans une société désimprégnée de l'Évangile et de la vie chrétienne? C'est cette disposition qu'il faut changer.

Autant dire que c'est la conversion d'un peuple qui est à entreprendre. Et puisque ce peuple ne revient pas à nous, qu'avons-nous donc à faire, sinon à aller nous-mêmes à lui ? Cela signifie-t-il qu'on doive faire la moindre concession doctrinale aux préjugés irréligieux de ce temps ? A Dieu ne plaise ! Mais la prudence peut exiger parfois qu'on évite de les heurter de front.

De même, au point de vue social, les classes laborieuses ont à coup sûr des revendications justes qu'il faut savoir soutenir, et des exigences injustes et funestes qu'il faut toujours être prêt à combattre. Cela ne se peut ni dans la chaire où les questions de l'heure présente doivent toujours s'effacer devant les vérités éternelles, ni par la brochure ou le livre mal assurés de trouver des lecteurs. C'est d'homme à homme, si je puis ainsi dire, qu'il faut discuter avec les ouvriers et avec les paysans les questions qui les touchent, pour aboutir à les éclairer sur leurs droits et aussi sur leurs devoirs.

Veut-on sérieusement travailler à répandre la lumière au sein des masses populaires ? Veut-on calmer leur inquiétante effervescence ? Veut-on rétablir l'harmonie entre tant d'intérêts divergents ? Il faut, au prix de longs efforts et souvent très ardus, s'initier à des questions éminemment complexes. Les creuser et les approfondir sur les bancs du collège, où les programmes d'études sont déjà surchargés et où les meilleures volontés sont encore sans expérience, ni maîtres ni élèves ne sauraient y songer. Mais ce qui est très possible, c'est de jeter les bases de cette science si désirable, d'abord en donnant à la jeunesse des notions plus nettes et plus exactes sur la justice et sur la charité, sur la propriété et le salaire, sur le capital et le travail ; et puis en l'instruisant du rôle bienfaisant qui l'attend, si elle se sent le courage de le remplir.

Et ce qui est un conseil pour les autres établissements, n'est-ce pas une nécessité dans un petit et un grand séminaire, où l'on a devant soi des jeunes gens qui, bientôt, auront charge d'âmes, et mission d'assurer la paix sociale ! Car qui donc parmi eux, après avoir lu la parabole du bon Samaritain, voudrait ressembler au prêtre et au lévite juifs, et passer indifférent à côté des blessés de la vie sans autrement s'inquiéter de leur sort ?

Je lisais naguère que la clef de cette formidable question, qu'on appelle la question sociale, est tout entière renfermée dans la théologie. Oui, la solution abstraite et théorique. Et déjà, à ce titre, le clergé n'a pas le droit de s'en désintéresser. Mais ce que demande notre temps, ce ne sont pas des discussions savantes, ce sont des actes. « Ce temps, plus qu'aucun autre, écrivait Léon XIII à Mgr Perraud, réclame du clergé une vertu supérieure dans l'action. »

Sur ce point, c'est de l'étranger que nous sont venus les plus solennels avertissements. L'illustre cardinal Manning a souvent déploré que, dans une société devenue démocratique, le clergé français ait conservé des mœurs et un esprit des siècles écoulés. Et que disait Mgr Ireland dans une assemblée au Cercle catholique de Paris ? « En Amérique, l'Église est l'Église du peuple. Nos prêtres et nos évêques sont dévoués au peuple. Ils vivent au milieu du peuple, qui les reconnaît comme ses protecteurs et ses meilleurs amis. Sans doute, nous donnons beaucoup de temps au sanctuaire et à la sacristie ; mais nous en consacrons beaucoup aussi au peuple et à la vie publique. Pour ma part, je prononce, dans les réunions d'ouvriers, autant de discours sur l'industrie, l'agriculture et les questions sociales, que de sermons en chaire. »

Du reste, sans franchir les mers, il n'y a qu'à visiter les contrées catholiques qui bordent nos frontières, la Belgique, certaines parties de la

Suisse, et même de l'Allemagne. Presque partout, on trouve le clergé demeuré ou redevenu l'une des premières autorités sociales, participant à la fondation et à la direction des caisses populaires, des syndicats industriels ou agricoles, des associations professionnelles, des sociétés de chant et de gymnase, prenant sans hésiter l'initiative des démarches utiles, et donnant, jusque dans l'ordre matériel, l'exemple de toutes les innovations fécondes. Et grâce à cette intervention, le clergé, dans ces pays, est tellement entré dans la confiance et les sympathies populaires que le suffrage universel s'obstine à prendre dans les rangs du sacerdoce ses plus dignes représentants et les meilleurs défenseurs de ses intérêts comme de ses croyances.

En présence de ce spectacle, songeons au bien qui, depuis un siècle, en France, aurait pu être fait !

Mais encore une fois, ces grandes choses ne s'improvisent pas. Elles demandent, là surtout où le terrain n'y est pour ainsi dire nullement préparé, de sérieuses études préalables, et autant de mesure que de persévérance dans leur exécution.

Ce n'est pas trop d'en entretenir la jeunesse, et de ménager, dès le collège, dès le petit séminaire, une place d'honneur à ces grandes questions. Dans les classes supérieures, il faut qu'on insiste sur les principes de la morale sociale. Il faut que le dévouement aux déshérités de la fortune soit représenté non seulement comme une satisfaction donnée aux plus généreux instincts du cœur, mais comme l'accomplissement d'un devoir et comme l'acquittement d'une dette personnelle contractée envers la Providence.

Il faut que le jeune clergé, las d'être enfermé dans un rôle stérile et sans grandeur, entre dans le courant contemporain avec une ardeur consolante. Il est à désirer qu'un beau mouvement s'étende et se généralise d'un bout de la France à l'autre, sous une impulsion aussi ferme que prudente, également éloignée des hésitations pusillanimes que des entraînements téméraires.

Ah ! nous pourrons alors envisager l'avenir avec quelque confiance ! L'œuvre sera peut-être longue. On ne reconquiert pas en un jour ce qu'on a mis cent ans à perdre ! Mais il ne faut plus regarder en arrière ; et l'heure est venue de marcher en avant !

C'était la ferme conviction et la règle de conduite de Mgr Paul Malabat (1).

(1) « Quand je dis que le Prêtre doit être un homme de son temps, personne, je le suppose, ne se méprendra sur le sens de mes paroles.

« A côté du mal qui est aussi vieux que le monde, il y a aussi le bien qui ne disparaît jamais complètement. Car le triomphe absolu du mal sonnerait l'heure de la décomposition sociale irrémédiable.

« A toutes les époques, il y a donc une somme d'idées vraies, justes et généreuses qui sont comme le résultat de l'opinion générale, et qui forme ce qu'on est convenu d'appeler l'Esprit public. Aujourd'hui, l'Esprit public se traduit par la préoccupation du sort des humbles et le désir d'améliorer la condition des déshérités.

« Mais le prêtre n'a pas besoin d'être convié à coopérer à cette œuvre. Car si, par tradition et par devoir d'état, il est l'homme de tous, il est surtout l'homme des pauvres !

« Hommes de la Société spirituelle, nous abandonnons exclusivement et sans regret à la société laïque le gouvernement des peuples, quelle que soit la forme de ce gouvernement. Nous ne nous renfermons pas cependant dans une abnégation passive. Nous venons en aide à la société laïque, en lui donnant ce qu'il ne lui est pas pos-

XXVII

D'autre part, son attachement et son dévouement à l'Église étaient aussi sans bornes.

Oui, l'amour de cette Église que le Seigneur Jésus a aimée jusqu'au sang, a été la vie de Mgr Paul Malabat. Il a eu cette passion des grandes âmes, et il a pu dire en toute vérité : « J'aime beaucoup la France, mais j'aime davantage l'Église. »

Au sommet de la hiérarchie, Dieu a placé le docteur universel. De cette cime élevée circule la sève de la vérité jusqu'aux plus lointains rameaux de la race humaine. Son indépendance est le bouclier de la liberté de nos âmes. Et sa parole est l'incorruptible gardienne de nos lumières chrétiennes. Dieu lui a fait, dans cette Cité de Rome, deux fois reine, un trône d'où Père

---

sible de se donner elle-même, c'est-à-dire des âmes préparées aux vertus sociales, dévouées au bien de l'humanité, dignes de l'honorer et capables de la servir !

« Nous proclamons le pouvoir de la société laïque, nous le recommandons au respect, à l'obéissance et à l'amour des hommes, et nous le regardons comme l'expression extérieure de la Providence de Dieu. Pour nous, ses droits sont sacrés, sa gloire nous est chère et ses malheurs sont les nôtres. Nous partageons toutes ses destinées, nous obéissons à ses lois, et après Dieu, il n'est rien qui sollicite et remue plus profondément notre cœur, notre conscience et notre dévouement que le nom et la voix de la patrie ! Sous les inspirations de la doctrine de Jésus-Christ, nous travaillons à la réconciliation tant désirée entre l'Église et la France moderne !

« Mais il faut aussi que les adversaires de l'Église, qui, trop longtemps, l'ont traitée comme une ennemie, abdiquent enfin leurs préjugés, renoncent à leurs lois oppressives, mettent un terme aux querelles religieuses dont nous avons tant souffert, s'inspirent des sentiments pacifiques qui nous animent, et s'unissent sincèrement à nous pour travailler à la paix sociale et à la grandeur de notre cher pays ! » (Paroles de Mgr Paul Malabat.)

il bénit la Ville et le monde, et une chaire d'où
Docteur il répand sur l'univers les clartés Évangéliques.

Les habiles et les violents ont voulu tour à tour
enchaîner cette parole ou opprimer cette conscience du monde. Ils sont venus s'attaquer à ce
piédestal que la Providence et les siècles ont fait !
Mais porter la main sur cette souveraineté, c'est
affaiblir ce foyer à qui l'Europe doit sa civilisation, ses meilleures lois, le progrès de ses sciences
et l'éclat de ses arts.

Le bon pasteur aperçut le péril et le dénonça
aussitôt aux consciences. « A Dieu ne plaise !
disait-il, que nous bravions l'autorité ou que nous
lui opposions une résistance illégitime ! Mais si les
droits de l'Épouse du Christ subissent quelque
diminution ou redoutent quelque atteinte, il faut
alors se résigner à combattre ! Il faut alors se
souvenir de cette parole des Apôtres : Il vaut
mieux obéir à Dieu qu'aux hommes ! »

Sous ce rapport, Mgr Paul Malabat fut toujours
au poste du devoir.

Aussi, la fidélité aux doctrines romaines ne
s'est jamais rencontrée plus édifiante et plus correcte que chez ce pieux curé.

Le Vicaire de Jésus-Christ était pour lui l'organe toujours infaillible de la vérité. Et toute son
ambition se réduisait à être l'humble écho de cette
grande voix qui domine le monde.

A l'évêché d'Amiens, comme dans sa paroisse,
on admirait en lui une sagacité et une vigilance

que l'erreur la plus subtile ne pouvait jamais surprendre. Il avait une sûreté de vues et un amour des principes qui le mettaient à l'abri des nouveautés comme des illusions.

Et, en même temps, les dépositaires de la puissance publique l'ont toujours reconnu très respectueux de leurs droits.

Il ne s'est jamais résigné à la résistance ou à la lutte que lorsque sa conscience le lui a imposé.

Et s'il aimait passionnément l'Église, il n'aimait pas moins la France, prétendant que Dieu, dans une mesure et une harmonie exceptionnelles, lui a accordé le génie, la vaillance et le cœur.

Et d'abord le génie. Car la Grèce avait-elle plus de vivacité dans l'esprit, plus de grâce et plus de poésie sur les lèvres ? Est-ce que la raison de Rome était plus forte et sa langue plus mâle ? Jamais parole ne fut plus vive, plus rapide et plus claire que la nôtre. Notre pensée jaillit comme l'éclair, et, comme lui, embrasse en un clin d'œil tout l'horizon. L'Allemand rêve, l'Anglais calcule, le Français parle. Et rapide et lumineuse, sa pensée court, fait le tour du monde et le laisse ébloui ! Ah ! quels beaux sons a eus la vérité sur nos lèvres ! et quels divins orateurs ont chez nous, de siècle en siècle, conquis des âmes à Jésus-Christ, en les charmant !

Mais la France a aussi le bras vaillant et l'épée invincible. Elle n'est pas seulement un peuple-apôtre, elle est un peuple-soldat. Comme il bondit ce peuple dans la mitraille ! comme il se rit de la mort ! Il peut succomber un jour sur un champ de bataille ; mais il ne s'y déshonore jamais ! Ne lui demandez pas son sang pour la conquête d'une mine d'or ou d'une terre fertile. Ne le lui demandez pas surtout pour ravir à une autre nation sa liberté et son indépendance ! Mais demandez-le-lui pour la justice, pour le droit, pour la délivrance des opprimés, et il le donnera à flots ! Qu'un cri de détresse se fasse entendre, qu'une injustice se commette sur quelque point du globe, aussitôt il se lève, il accourt et il venge !

Et, pour illuminer son génie, pour soutenir et animer son bras, Dieu lui a fait un autre don suprême : le cœur ! Un cœur tendre, compatissant, généreux, où dans un ineffable mélange, s'unissent la sensibilité de la femme, les délicatesses de la vierge et les dévouements de la mère.

Nul n'a compris comme lui la crèche, la croix, le tabernacle ! Nul ne s'est abreuvé aussi largement aux sources du Calvaire ! Nul n'a autant pratiqué l'abnégation, le sacrifice, le don de soi, l'immolation volontaire et désintéressée ! Que d'inspirations généreuses ! Quels magnanimes élans ! A chaque instant en sont sorties et en sortent encore les institutions charitables et les œuvres fécondes : Missionnaires intrépides, douces Sœurs de la Charité, Sœurs gardes-malades, petites Sœurs des Pauvres, Frères de la Doctrine chrétienne, Conférenciers de Saint-Vincent de Paul, Cercles catholiques, Patronages, Orphelinats, et une multitude d'autres créations non moins belles !

L'or a coulé de nos mains pour toutes les bonnes œuvres ! et le sang a coulé de nos veines pour toutes les saintes causes !

Et aujourd'hui encore, quelle nation a tressailli comme la nôtre aux sanglots qui nous arrivaient des déserts de l'Afrique ? Qui a pitié de l'enfant à l'usine, et de la femme qu'un dur travail arrache à son foyer ? Qui songe à améliorer le sort de l'ouvrier, à lui faire une plus large part dans les fruits de son labeur, à lui assurer des garanties contre les accidents, et à lui ouvrir des asiles dans son extrême vieillesse ? Qui ? La France, plus que tout autre pays ! Ah ! la France c'est la terre de l'amour et de la fraternité !

C'étaient toutes ces qualités et ces merveilleux mérites qui ravissaient Mgr Malabat, et lui faisaient tant admirer et aimer sa Patrie.

----

(1) « L'Église est immuable dans ses dogmes; mais elle s'adapte avec une souplesse infinie aux divers états de civilisation. L'Église est trop large et trop haute pour être enfermée dans les limites étroites d'une forme politique. Elle a trop conscience de son immortalité pour consentir à associer ses destinées au sort d'institutions caduques par cela seul qu'elles sont humaines. Ah ! l'Église, ne la compromettez pas dans des alliances pleines d'incertitudes et de périls ! Son histoire tout entière est là pour montrer que ce qui a fait, humainement parlant, sa force et sa durée, c'est que jamais elle ne s'est liée outre mesure aux choses humaines. D'où il résulte qu'elle n'a jamais été entraînée dans leur chute. C'est que jamais elle n'a proclamé cette prétendue orthodoxie politique qu'on voudrait lui imputer aujourd'hui, et qui serait contraire à son double caractère d'universalité et d'immortalité. C'est qu'enfin, toujours et partout, elle a reconnu l'empire des faits, et apporté les trésors de sa force morale et de sa stabilité au secours du pouvoir, quel qu'il fût, qui garantissait à ses enfants le libre exercice de leur foi et les bienfaits d'un ordre social régulier. Croire qu'elle a besoin pour vivre de la protection exclusive d'un Maître, c'est douter de la vérité divine qui est en elle, et supposer

XXVIII

Homme d'action, Mgr Malabat l'était dans le sens le plus large du mot. C'était son ambition que sa paroisse fût la première dans toutes les créations du zèle et de la charité catholiques.

A la fin de chaque année, il aimait à rendre compte à ses chers paroissiens de leurs efforts et de leurs sacrifices, soit pour payer au Souverain Pontife, dans le denier de Saint-Pierre, le tribut de leur piété filiale, soit pour aider à la propagation de la foi dans le monde par l'Œuvre de ce nom et par celle de la Sainte-Enfance, soit pour recueillir les pauvres orphelins par l'Œuvre de l'Adoption, soit pour répandre l'enseignement chrétien par les Instituts catholiques, soit pour concourir à la propagande des bons livres et à l'évangélisation des campagnes par l'Œuvre de Saint-François de Sales.

Mais il se préoccupait surtout du recrutement et de l'éducation des élèves du sanctuaire. Et il donnait abondamment pour l'Œuvre si importante

que les promesses de l'Évangile sont soumises aux fluctuations des choses humaines.

« A-t-elle demandé aux Césars la permission de naître et de conquérir le monde ? Aveugles sont ceux qui veulent mesurer l'ouvrage de Dieu par celui des hommes ! Que les princes qui se donnent l'honneur de protéger l'Église ne se flattent pas jusqu'à croire qu'elle tomberait s'ils ne la portaient dans leurs mains. S'ils cessaient de la soutenir, le Tout-Puissant la porterait lui-même.

« Toutes les autres puissances s'élèvent et tombent. Après avoir étonné le monde, elles disparaissent ! L'Église seule, malgré toutes les tempêtes, demeure immobile ! Et pour vaincre, elle n'a pas d'autre arme que la croix de son fondateur. Mais avec la croix et la liberté, elle est sûre de triompher toujours ! » (Paroles de Mgr Malabat.)

des Vocations ecclésiastiques. Car le recrutement du sacerdoce, c'est le point capital pour la vie de l'Église. Le sacerdoce, en effet, est l'instrument nécessaire de la foi, de la grâce et du salut.

Si, de nos jours, la foi paraît si souvent stérile, si les pratiques chrétiennes sont délaissées, si les églises sont presque désertes, n'est-ce pas surtout parce que, depuis longtemps, les prêtres ne sont pas assez nombreux ? Cette disette d'ouvriers évangéliques tourmentait constamment Mgr Malabat. C'était vraiment chose touchante d'entendre avec quelle émotion il faisait part à son troupeau des ordinations qui avaient lieu, et de ses joies ou de ses peines selon que montait ou que baissait le nombre des nouveaux prêtres.

Et avec quelle sagesse et quelle expérience des âmes il enseignait aux parents et à ses confrères même l'art si précieux et si cher de cultiver les vocations sacerdotales !

Il aimait et défendait avec le même zèle les Œuvres évangéliques et les membres bénis de toutes les congrégations.

« Ah ! disait-il, c'est contre l'institution permanente de la vie apostolique que s'acharnent les coups de la haine et de l'impiété. On veut étouffer la voix évangélique dans sa force et dans sa liberté. Mais l'Église la réclame toujours. Et c'est en vain que de modernes démolisseurs ont porté la main sur ces divines inspirations de la foi et de l'amour ! »

Ils peuvent disparaître un instant, mais ils

ressuscitent toujours, ces instituts vénérables, qui
ont peuplé les déserts, défriché les forêts, et
lancé sur le monde les impérissables légions de
la prière, du sacrifice et de la charité. Artères
puissantes de la vie de l'Église, les ordres religieux
furent toujours un des premiers éléments de la
grande famille catholique. Floraisons sacrées des
conseils évangéliques, ils embaument le sanctuaire, consolent le Christ, et civilisent les
sociétés.

Il y a les fils de saint François d'Assise, de
saint Dominique, de saint Ignace, de saint Vincent
de Paul qui illuminent les villes et les campagnes
de leurs paroles vivantes qui annoncent les
éternelles vérités, et de leurs prières qui montent
vers Dieu pour implorer toutes ses miséricordes. Ils dilatent leurs pavillons et affer-
missent sur tous les chemins de l'apostolat, de
l'industrie, du barreau, de la magistrature et de
l'armée, de nobles serviteurs qu'ils ont su former
et inspirer de foi, de piété, de science et de
patriotisme.

Il y a les Religieuses qui s'en vont partout, le
regard pur et calme, le visage souriant, à l'ombre
de tous les clochers et sur le seuil de toutes les
écoles, partout où il y a une intelligence à cultiver, une plaie à guérir, un cœur à consoler et une
âme à sauver! Versant devant le Christ leurs
prières, leurs larmes, leurs travaux, et lui donnant
l'amour de la vierge et de l'épouse dans une tendresse et une immolation qui ne défaillent jamais!

Délicieuse et sublime harmonie entre le ciel et la terre, solidarité des âmes, communion des saints, Mgr Paul Malabat vous a toujours défendues comme la gloire et la force de l'Église !

Oui, le bon pasteur avait le cœur trop large et l'âme trop haute pour n'être pas l'ami et le défenseur de tous ces apostolats de l'éducation, de la prédication, de la prière, de la pénitence, du dévouement, du sacrifice et de la charité, qui sont plus nécessaires que jamais pour désarmer les justices divines, et relever l'humanité des décadences où elle tombe aujourd'hui.

XXIX

Mais, hélas ! la souffrance est la vie de ce monde. Mon Dieu, que les consolations sont courtes sur la terre ! On les goûte un moment, et un autre moment les emporte ! Petit à petit, Dieu nous sèvre de nos meilleures joies. Et il nous attire au désir du Ciel, en y appelant les uns après les autres tous ceux que nous aimions davantage ici-bas.

Le bonheur si pur et si complet que Mgr Malabat trouvait dans son saint ministère, fut encore traversé par la mort de son excellente mère.

Femme comblée de tous les dons, enrichie de toutes les grâces, elle s'était toujours distinguée, dans le monde, par son amabilité et son recueillement. Sans ambition au milieu des honneurs, sans faiblesse au milieu des adulations et des empressements, sans volupté au milieu des plaisirs, elle avait conservé, toute sa vie, la candeur de ses premières mœurs. Bien différente de ces âmes téméraires qui se croyant au-dessus des dangers, jouant avec tous les périls, ne pensent qu'aux sociétés séduisantes, ne rêvent que divertissements et ne cherchent qu'à jouir, Mme Malabat, née Jeanne-Françoise d'André, avait vécu dans le monde comme n'en étant pas.

Elle profitait toujours de sa liberté plus grande pour s'élever à une vertu plus haute. Ennemie d'un luxe exagéré et des pompes excessives, elle n'avait jamais visé qu'à briller et qu'à plaire par ses seules qualités. Pour développer et fixer dans son âme les habitudes morales et pratiques, elle recourait souvent au Ciel. Elle fréquentait les sacrements de la Pénitence et de l'Eucharistie et puisait à l'autel une ferveur nouvelle. Allant de mérite en mérite, elle s'appliquait à se rendre telle que Dieu la voulait.

Femme d'ordre et d'économie, elle menait sa maison de la manière la plus parfaite. Relations, intelligence, rares attraits physiques, tout lui faisait cortége. Mais elle sut toujours mettre la vanité et les passions des sens dans les entraves sacrées de la vertu et de la modestie. Et on la vit, avec admiration, pieuse comme une carmélite, charitable comme une sœur de Saint-Vincent de Paul, et, en même temps, aimable, vive et spirituelle comme la femme la mieux apprise.

Animée par ses fortes croyances, elle avait concentré dans son âme tout ce qu'il y a dans notre religion de généreux, d'héroïque et de tendre.

Épouse dévouée, elle n'avait cessé d'apporter à son mari le charme des affections les plus profondes et le courage des plus grandes vertus. Elle partageait avec lui les délices des sentiments du cœur et les joies ineffables de la plus sainte union.

Mère chrétienne, elle s'attachait à faire sucer la piété avec son lait à ses bien-aimés enfants. Les offrant à Dieu, même avant leur naissance, elle conjurait le Seigneur de les faire arriver vivants au saint baptême. C'était en les bénissant qu'elle les embrassait pour la première fois. Et lorsqu'on les lui rapportait de l'église, contemplant avec respect Dieu présent par sa grâce dans leur âme régénérée, elle sentait, avec la mère de saint Louis, que leur innocence devait lui être plus chère que leur vie.

Ah! je la vois encore et je l'admire dirigeant leurs petites mains dès l'âge le plus tendre, et leur faisant marquer leur front du signe de la croix. Et quand ouvrant leurs yeux, ils commençaient à lui sourire, elle les portait à l'autel de Marie. Et là, voyant une femme comme leur mère, qui tenait elle aussi un enfant dans ses bras, ils recevaient dans son impression la plus douce la première lueur de notre religion. Un peu plus tard, lorsqu'ils balbutiaient quelques mots, ses genoux étaient ce beau prie-Dieu où agenouillés, s'appuyant sur son cœur, ils apprenaient à prononcer les noms bénis de Jésus, de Marie, de Joseph.

Elle déposait dans leur âme les premiers germes de la foi. De parole et d'exemple, elle leur enseignait que nous ne sommes sur la terre que pour connaître, servir et aimer Dieu, et par ce moyen obtenir la vie éternelle. Vérités simples et divines, que la plus haute philosophie ne saurait égaler ! et doux catéchisme, qui jamais ne s'oublie !

Sous cet apostolat de zèle et de tendresse, ses enfants croissaient en taille et en âge, mais aussi en sagesse. Et les premières fleurs de la vie religieuse commençaient à bourgeonner sur ces jeunes tiges échauffées par l'amour de leur mère et si souvent arrosées par ses larmes. A l'ombre de ses exemples, et sous l'empire suave de ses leçons, ses enfants atteignaient heureusement cet âge brillant et critique à la fois, où, tandis que l'esprit s'illumine et se fait, le cœur s'enflamme et se façonne pour le bien.

Et avec cela, chez cette épouse si tendre et si fidèle, chez cette mère si chrétienne, chez cette femme modèle, quel admirable concert de toutes les perfections qui font les grandes âmes et aussi les grandes saintes ! Madame Jeanne-Françoise Malabat, née d'André, était un ange de piété. Vit-on jamais un amour plus ardent et plus fort pour la Sainte Eucharistie ? et une dévotion plus vive et plus confiante envers la Sainte Vierge et envers saint Joseph ? Tous les jours elle assistait à la messe, et elle récitait le Rosaire en entier.

Et son cœur qui était de feu pour Dieu, était d'or pour le prochain. Que de bienfaits Mme Malabat n'a-t-elle pas semés sur sa route ! Que de charités répandues dans le sein des malheureux ! Au presbytère d'Escarbotin, comme autrefois à Brocas, elle ne vivait que pour Dieu et pour les pauvres. Servir Dieu et aimer son prochain, c'était sa joie et son mérite.

Cependant, la mort qui n'oublie personne et ne respecte aucun mérite, approchait à pas comptés. Chargée d'années et de vertus, Mme Malabat la vit arriver sans trouble et sans crainte.

Avec la foi la plus vive et la piété la plus ardente, elle reçut les derniers Sacrements, et s'armant de son crucifix et de son chapelet, elle se tourna tout entière vers Dieu, et attendit tranquillement son appel, qui se fit le vendredi 12 février 1892, à trois heures du soir. Mme Malabat-d'André était âgée de 86 ans.

A l'encontre des gémissements de Jérémie se plaignant que les chemins de Sion pleurent parce qu'on ne vient plus à ses solennités, les routes d'Escarbotin ont pleuré sous l'affluence de toute la population désolée, accourant aux funérailles de cette sainte femme.

Après un office solennel à l'église, toute la paroisse en deuil salua une dernière fois, avec respect et dans la douleur, ses restes mortels qu'on transporta à Ochancourt. Son âme est avec Dieu, et son corps dort du sommeil des justes dans le caveau de la famille, à côté de celui de son mari et de son fils Eugène.

—◆‡•:o:•‡◆—

XXX

A partir de ce deuil, Mgr Paul Malabat vécut encore davantage de foi, de prière et d'amour. Il s'attacha de plus en plus aux devoirs de son saint ministère et aux exercices de la plus édifiante piété.

Il honorait la Sainte Vierge comme sa bonne et tendre Mère, et il se plaisait à propager de plus en plus son culte. Il se fit spécialement l'apôtre du Rosaire, et il ne passa jamais un seul jour sans réciter le chapelet. Il était presque continuellement aux pieds des saints autels. C'est là qu'il venait faire son examen de conscience et dire l'*Angelus*. Ses délices étaient là.

Et dans l'intervalle de ces visites, s'il avait une difficulté, un embarras, ou un malade à confesser, il courait à l'église devant le tabernacle. « J'ai besoin, disait-il, de lumière et de force, et là je suis sûr de les trouver toujours ! »

Dans les expositions du Très Saint Sacrement, il redoublait ses adorations. Et on le voyait, revêtu de ses habits de chœur, rester des heures entières, agenouillé et en prières, devant Notre-Seigneur. D'autres fois, il prolongeait jusqu'à une heure avancée de la nuit son entretien avec le Divin Maître. Ah ! que se passait-il dans ces tête-à-tête, dans ces colloques intimes entre Jésus-Christ et ce prêtre selon son cœur ? Il y avait puisé un extraordinaire esprit de foi. En effet, en le voyant à l'autel, on se sentait saisi du plus profond respect pour la Victime Sainte, qui allait descendre entre ses mains sacrées. Et on se rappelait cette parole du vénérable M. Olier : « Les prêtres, quand il montent à l'autel, sont transformés en Anges ! »

Ses instructions sur le Saint Sacrement et sur le Sacré-Cœur débordaient d'enthousiasme et d'amour. « Aimons le Sacré-Cœur, répétait-il souvent, c'est le refuge dans nos peines, c'est la source de toutes les grâces dont nous avons besoin, c'est le foyer de toutes les célestes flammes ! »

Il était l'un des membres les plus fervents et les plus dévoués de l'Association si justement appréciée des prêtres adorateurs.

Mais il avait aussi une très grande dévotion envers le glorieux saint Joseph. Et il profitait de toutes les occasions pour éveiller dans les âmes des sentiments de la foi la plus vive, de l'espérance la plus ferme et d'une confiance sans bornes envers ce puissant protecteur. Il n'en parlait qu'avec ravissement !

XXXI

Par la sainteté de son état et par les vertus qui brillaient dans sa vie, Mgr Paul Malabat était aux yeux de tous comme un miroir vivant de la majesté de Dieu.

La théologie catholique enseigne que le sacerdoce est un état de perfection, et que celui-là serait bien coupable devant Dieu, qui, glorifié d'un si saint ministère, ne travaillerait point à imprimer à sa vie un essor continuel vers les vertus les plus parfaites.

Mais grâces soient rendues au Seigneur! Car si, à certaines heures lamentables de l'histoire de l'Église, le sel de la terre s'est affadi, si la lumière du monde a pu vaciller et s'éteindre dans quelques-uns de ceux qui étaient établis, par leur dignité, leurs pouvoirs et leur mission, pour éclairer et sanctifier leurs frères, il nous est donné de vivre en un temps où, parmi tant d'autres défaillances, le sacerdoce du moins est tout entier debout dans la pureté et l'unité de la doctrine et dans la pratique et la beauté de toutes les vertus.

Dans chacun des diocèses de France, nous, prêtres de Jésus-Christ, dévoués à nos devoirs et jaloux d'honorer notre sainte vocation, nous sommes heureux de reconnaître et de vénérer dans nos confrères les modèles du troupeau du Seigneur!

Les formes les plus diverses de la sanctification

couvrent comme un manteau aux couleurs variées le sacerdoce catholique, et nous donnent le droit de le montrer aux peuples comme l'image des perfections de Dieu. Et dans cet ensemble harmonieux et édifiant de sainteté et de mérites, chaque prêtre a des vertus qui paraissent plus particulièrement siennes et qui le caractérisent.

Or, un texte de l'Apôtre saint Pierre me semble tracer d'une manière merveilleuse les contours de la physionomie morale de Mgr Paul Malabat, où les vertus les plus achevées et les plus captivantes se reflétaient avec tant de charme et de suavité, *absconditus homo.*

C'était un ami de la vie cachée, s'ignorant toujours lui-même au milieu des honneurs et malgré les mérites les plus éclatants et les succès les plus remarquables.

Mais, en même temps, il était l'homme d'un grand cœur, plein de compassion, de dévouement et de courage. Il savait être ami affectueux, père excellent, et, au besoin, chef hardi et vaillant dans les combats pour l'Église et pour Dieu. Il relevait avec des larmes toute âme qui tombait ; mais il renversait avec une indomptable énergie et une noble indignation tout désordre public.

Dieu lui envoya tour à tour des triomphes et des épreuves ; mais son esprit, dans la fraîcheur et la sincérité de ses sentiments, sut demeurer toujours le même. O Prélat vénéré ! Ce gouvernement, ce maintien si constant de votre âme n'est pas le fruit de la nature ! il est le divin résultat de la prière et de la vertu ! Il faut avoir jeté l'ancre de vos espérances sur un rivage bien tranquille pour en venir à ce repos de l'esprit et du cœur sous la main paternelle de Dieu ! et à cet abandon filial aux soins d'une céleste Providence qui ne trompe jamais !

C'est ainsi que Mgr Paul Malabat devint si riche, dit encore saint Pierre, en présence de Dieu. *Qui est in conspectu Dei locuplex.* Une vie de piété, de travaux, de souffrances ; une vie de zèle, de charité et d'oubli de soi-même ; une vie dont la passion unique fut de procurer la gloire de Dieu et le salut des âmes ; une vie où les préoccupations personnelles ne vinrent jamais créer ni un arrêt ni un obstacle, a dû, en effet, entasser de grands mérites devant Dieu ! Mérites de l'édification, de la prédication et de la direction des consciences ; mérites des dévouements sincères et prolongés ; mérites des fatigues supportées et des travaux entrepris pour la défense de la vérité et pour la propagation de tout ce qui est bien ; mérites inhérents à la charge curiale, sous le poids de laquelle Mgr Paul Malabat ne vit jamais que l'obligation de se dépenser sans réserve pour Dieu et pour les âmes. Oui, la moisson était abondante dans ses mains, et la mesure de ses vertus était comble dans son cœur !

Son extrême bonté attirait, convertissait et attachait par des liens indissolubles ceux-là même qui ne faisaient que l'entrevoir. Doué de tous les charmes de la douceur et de la mansuétude, il savait provoquer, pour l'appliquer à Dieu, l'amour de tous ceux qui l'approchaient. Son intelligence dont les vues étaient si hautes et si profondes, s'alliait en lui à un vrai cœur de père. La bienveillance était le suave et perpétuel reflet de sa figure si fine et si condescendante. Son regard si doux, son sourire si gracieux, son accueil si prévenant, son amabilité charmante lui gagnaient toutes les sympathies. Il avait une étonnante puissance d'attraction. Et, sans recherche et sans effort, il rayonnait de paix et de bonté, comme l'étoile rayonne de lumière. Et cette bonté, unie à tant d'autres qualités éminentes, lui avait créé un cercle très nombreux de fidèles amis !

Mais sa bonté resplendissait surtout dans l'exercice de son saint ministère !

La joie, la prospérité, le bonheur de ses paroissiens, étaient toute sa sollicitude. Sa seule vue était un enseignement qui répétait cette parole du Sauveur, base de toute vie parfaite : « Apprenez de moi que je suis doux et humble de cœur ! » Un attrait mystérieux réveillait au fond des âmes l'écho de cette invitation compatissante du bon Maître : « Venez à moi vous tous qui êtes fatigués et qui gémissez sous le poids de la peine, et je vous soulagerai ! »

Et quand ses fidèles avaient reçu ses leçons, ses conseils, ses encouragements, ils se disaient l'un à l'autre, comme les disciples d'Emmaüs en entendant le Seigneur : « Est-ce que notre cœur n'était pas guéri et fortifié, lorsqu'il nous parlait ? »

Il était d'un détachement absolu des jouissances des biens de la terre. Et de là ce souci et cet amour de tous les malheureux. Il allait à tous, et il donnait à tous de son temps, de ses forces, de sa bourse et de son cœur. Il pleurait même à la vue des souffrances humaines !

Heureux d'être le président de toutes les réunions et de toutes les fêtes, il aimait à s'informer de tous les détails et de tous les progrès. On était profondément ému, en le voyant entouré d'ouvriers, les questionnant sur leur travail et sur leurs familles, les soutenant dans leurs chagrins et prêtant à toutes leurs communications une oreille attentive.

Et enfin, sa patience, son recueillement, son égalité parfaite, ses formes si religieuses, étaient continuellement la preuve de la plus douce et complète vertu.

Au milieu des populations de la campagne, lui qui parlait si magistralement la langue de la philosophie, de la théologie et de l'éloquence sacrée, lui qui savait si habilement mettre en relief les aspects les plus divers d'une question, lui qui étonna et ravit tant de fois de brillants auditoires, lui qui charma si souvent ses confrères par son art et par sa précision dans de larges débats, parlait à ses paroissiens comme un pasteur à ses agneaux, et comme un père à ses enfants ! Sa parole était toujours persuasive et faisait vibrer les cordes les plus sensibles des âmes !

Mais, de même que Dieu n'est pas faible parce qu'il est bon, de même la compassion, l'indulgence et l'affection qui composaient le cœur de Mgr Paul Malabat, ne rendirent jamais son autorité indécise ou tremblante. Comme tous ceux qui gouvernent des âmes, il a eu à réprimer, à corriger et à sévir ; mais il l'a toujours fait avec respect, avec tendresse, avec discrétion, et parfois avec larmes !

—◆•:o:•◆—

XXXII

Avec un tel talent, avec tant de mérites, Mgr Paul Malabat, si une extrême humilité ne l'avait toujours porté à s'effacer, aurait certainement eu un rôle plus élevé à remplir dans l'Église.

Tout l'appelait à y marquer avec éclat. De vastes connaissances, une grande pénétration d'esprit, un talent remarquable, une éminente piété, une haute intégrité de vie, des qualités exceptionnelles, une administration intelligente et sage, l'avaient fait distinguer par ses supérieurs ecclésiastiques et par plusieurs hommes d'État. Mais le bon curé n'avait pas d'autre ambition que de servir Dieu et ses frères, dans sa chère paroisse. Vivre et mourir au milieu de son troupeau, c'était son seul désir.

Il s'effrayait à la pensée qu'on pût songer à lui

pour un poste plus en vue. Et cependant, à mesure que ses vertus brillaient davantage, les yeux se fixaient de plus en plus sur ses mérites, qui ne demandaient, de son côté, qu'à se faire oublier. Mais plus il cherchait à fuir les honneurs, plus on mettait d'empressement à les lui offrir. Plusieurs évêques d'Amiens voulurent les uns après les autres le nommer à des cures plus importantes. On lui proposa des situations enviables ; mais il refusa avec obstination. Les démarches les plus pressantes ne purent jamais vaincre sa détermination. Mgr Boudinet, Mgr Bataille, Mgr Guilbert, Mgr Jacquenet et Mgr Renou, qui l'avaient en particulière estime et affection, essayèrent à plusieurs reprises de récompenser dignement ses services ; mais Mgr Paul Malabat déclina toujours leurs aimables avances.

Deux fois, il fut appelé à Paris en vue d'un évêché. Sous M. Ricard, député de Rouen et ministre de la Justice et des Cultes, et, deux ans plus tard, sous M. Spuller, le Gouvernement lui fit des propositions aussi séduisantes que sérieuses. Et enfin, le 17 juin 1895, M. le Président de la République, Félix Faure, le fit venir à l'Élysée, et l'invita à se laisser nommer évêque. Mais le bon pasteur, plus humble et plus désintéressé que jamais, persista dans un refus qui fait sa gloire. Il ne consentit qu'à accepter une seule dignité. Par amour pour la Vierge Marie, et pour qu'un lien plus étroit l'attachât à l'insigne basilique de Notre-Dame de Lorette, qui a le précieux privilège de couvrir de ses voûtes splendides l'auguste maison qu'habitèrent, à Nazareth, Jésus, Marie et Joseph, il permit qu'on le créât chanoine de cette église vénérable et célèbre entre toutes. A la demande de Mgr l'évêque d'Amiens, Mgr Gallucci, évêque de Lorette et de Récanati, qui d'ailleurs le connaissait et l'appréciait hautement, lui envoya le diplôme, la croix et les insignes de chanoine-prélat de Notre-Dame de Lorette.

Ce fut comme le couronnement de son apostolat et de sa sainte vie.

XXXIII

Mais notre hommage serait trop imparfait s'il n'était que dans la louange et dans l'admiration.

Mgr Paul Malabat avait coutume de dire : « Je ne me connais que deux passions au cœur : la passion de l'Église et la passion de la France. » Eh bien, pour que notre hommage soit complet, jurons d'aimer, comme lui, l'Église et la France.

Et, en effet, c'est ce double dévouement qui a rempli sa vie et inspiré toutes ses œuvres.

Il voyait devant lui sa patrie mutilée, encore tout ébranlée des sanglantes secousses de la guerre et de la Commune, grande et chère convalescente qu'il fallait ramener doucement à la santé. Et il s'y dévoua de toute son âme.

Il voulait, je vous l'ai dit, une France chrétienne. Car, à ses yeux, toutes les grandeurs de notre nation dépendent de sa grandeur religieuse. La France ne peut vivre sans la religion, à laquelle elle doit sa formation et ses gloires les plus pures.

Elle sera chrétienne ou anarchiste, répétait-il souvent. C'est-à-dire qu'elle sera chrétienne ou ne sera pas ! Et vous savez tout ce que cette conviction, la plus intime, la plus profonde de sa vie, lui inspira de zèle et de persévérance pour son pays bien-aimé !

Et quand il rencontrait des hommes qui n'avaient pas la même conception que lui sur les destinées de la France, et qui cherchaient à déraciner la foi du cœur de ses enfants, il disait que ces hommes ne comprenaient ni les vrais intérêts, ni la gloire de la patrie. Quiconque, écrivait-il, aime la France, aime la religion qui en est l'âme et la force ! Quiconque attaque la religion, attaque la France et la blesse au cœur !

Avec d'autres vaillants, dont la France conservera les noms, Mgr Paul Malabat sut toujours résister à l'arbitraire et à l'impiété. La proclamation d'une sorte d'athéisme officiel par l'oubli du nom de Dieu dans les faits et gestes de l'Etat, et la suppression des prières nationales ; la suppression de la prière, du catéchisme et des crucifix dans les écoles de l'Université ; l'interdiction aux soldats de pénétrer en corps dans les églises, les encouragements donnés aux enterrements civils ; l'application rigoureuse des articles organiques

et les entraves continuelles au ministère des
évêques ; la suspension sans droit des traitements
ecclésiastiques ; la suppression des traitements
des vicaires et des chanoines ; la main mise sur
les menses épiscopales ; les réductions progres-
sives dans le budget des cultes ; l'expulsion des
religieux et des religieuses de leurs chapelles
et de leurs monastères ; la ruine de toutes
les communautés au moyen d'extorsions fiscales
et d'impôts sur des revenus qui n'existent pas ;
le droit d'accroissement qui va achever de dé-
pouiller toutes les congrégations ; la suppression
de l'instruction religieuse dans les examens ; la
suppression de tout enseignement religieux dans
les écoles publiques ; l'interdiction aux ministres
du culte et même aux évêques de pénétrer dans
les écoles ; la défense d'enseigner dans les écoles
de l'État à tous les membres des congrégations
religieuses ; la laïcisation complète de l'enseignement dans un sens hostile à la religion ; les tra-
casseries à toutes les écoles libres ; la suppression
des bourses des séminaires ; la suppression des
commissions d'examens mixtes ; la suppression
des aumôniers militaires ; l'enrôlement des sémi-
naristes et des jeunes prêtres dans les rangs de
l'armée ; l'atteinte portée au mariage par la loi
permettant le divorce ; l'exclusion du clergé des
commissions hospitalières et des bureaux de bien-
faisance ; les entraves au fonctionnement des
caisses de retraite pour le clergé ; les difficultés
imposées pour les libéralités qu'on veut faire aux

établissements religieux et aux fabriques des
églises ; le pouvoir exorbitant accordé aux maires
sur les cloches et sur les clefs des églises ; la
désorganisation des conseils de fabrique ; la laïcisation et la promiscuité des cimetières rendues
obligatoires ; les premières tentatives contre le
Concordat ; la fermeture des chapelles dans les
écoles normales et primaires ; l'abolition des
facultés de théologie ; la suppression du chapitre
de Saint-Denis ; l'expulsion de sainte Geneviève
du temple que lui avait consacré Louis XV ; l'éducation forcée des enfants dans les maisons de
l'État ; les menaces réitérées contre l'enseignement libre, tel est le bilan du passé, disait le bon
pasteur ; et personne n'ignore quels sont pour
l'avenir les projets du gouvernement !

Veut-on qu'il les réalise ? ajoutait-il On n'a qu'à
suivre les conseils, heureusement très rares, d'effacement et de résignation. Veut-on, au contraire,
réparer les maux d'hier et prévenir ceux de
demain ? Il faut s'organiser pour la lutte et la continuer sans lâches défaillances et sans concessions
coupables.

Ah ! elles furent profondes les tristesses de
Mgr Paul Malabat au milieu de ces iniquités et
de ces dénis de toute justice et de toute liberté !
Lui qui savait que l'Église ne désire que la grandeur et la gloire de la France ! Lui qui croyait de
ferme foi que la France ne peut combattre l'Église
qu'à son grand détriment !

Aussi, contre ces empiétements et ces injustices

de l'État contre l'Église, il résista sans relâche. Mais nul mieux que lui cependant n'observa ce mot d'ordre de saint Augustin : détester l'erreur et le mensonge, mais aimer leurs victimes ! En effet, il n'était pas seulement sincère et loyal avec ceux qu'il combattait, mais il leur était toujours affable et toujours prêt à leur faire du bien. Et quiconque avait besoin de ses services, était sûr d'être accueilli avec son doux sourire. Sa bonté native séduisait ses ennemis eux-mêmes. Et souvent, entraînés par l'effluve sympathique qui s'écoulait de sa parole, de son regard si franc, de son âme si belle, ses adversaires se déclaraient ses partisans !

Quelques-uns pensent que la France va traverser une crise nouvelle et plus rude que toutes celles qu'elle a connues jusqu'à ce jour. Qui sait ? On a vu de bien petites pluies abattre un très grand vent.

En face de ceux-là, Mgr Malabat s'écriait : « Je ne puis pas me résigner à croire que des hommes d'État affecteront jusqu'au bout de prendre des pages de journalistes violents pour l'opinion du pays. Je ne puis croire qu'ils ne se décideront pas à exaucer les nobles aspirations de la France qui ne leur demande que deux biens : le travail et la pacification. Non ! jusqu'à preuve faite, je ne puis croire ces choses ! Je ne puis croire qu'ils ne verront jamais les belles et grandes œuvres qu'il y a à entreprendre parmi nous, en étant bien unis, pour le bien de la patrie et de l'humanité !

« Cependant, ajoutait-il, quel que soit ce demain, et surtout s'il était aussi sombre qu'on nous le prophétise, ne cédons ni aux excitations ni aux découragements. Prenons le drapeau de la nation. Et sur ce drapeau écrivons ces deux mots : Droit et Liberté ! Pas de privilèges ; nous n'en demandons pas ! mais nos droits et tous nos droits ! Pas de servitudes non plus ; nous ne les souffrirons pas ! Nous sommes des citoyens comme les autres, et nous réclamons la même liberté ! »

Dans une lettre célèbre, adressée à Clovis, saint Avit disait : « La France est un soleil dont la lumière ne doit pas rester emprisonnée dans les limites d'un territoire, ses rayons doivent resplendir jusqu'aux extrémités du monde. »

Que les cosmopolites qui ne peuvent comprendre nos origines, dissertent à leur guise sur la fin de la France, *finis Galliæ*. Quant à nous, Français de race et de sang, nous restons ancrés sur la parole du pape Benoît XIV : « La France ne périra jamais ! *nunquàm peribit.* »

Malgré la crise profonde dont nous souffrons, comment nier, en effet, la vitalité de notre cher pays ?

« Cette nation est comme le cœur de l'Église, disait un jour le pape Léon XIII, et elle renferme dans son sein des germes de vie inépuisables ! »

Par conséquent, courage et confiance ! Ainsi parlait Mgr Paul Malabat. On peut dire que la France chrétienne était son véritable culte. Telle elle lui était apparue à l'aube de sa vie, et telle

elle passait encore devant ses yeux, quoique voilée
d'un crêpe, mais toujours vénérée et toujours
radieuse d'immortelles espérances, marchant à
travers des brumes passagères vers les lumineuses
profondeurs d'un avenir chrétien !

Aimons donc la France ! Aimons son soleil, son
azur, son ciel gris. Aimons sa terre, ses bois, ses
montagnes, ses fleuves et ses océans. Aimons ses
champs, ses blés, ses vignes : tout cela c'est son
corps ; eh bien, aimons son corps ! Mais aimons
davantage son âme. Aimons ses lettres, ses arts,
son industrie, son commerce, sa gloire militaire !
Aimons son passé, où il y eut du bien et du mal.
Le mal, repoussons-le ! le bien, acclamons-le !
Aimons son présent : les problèmes qui l'agitent
pour essayer de les résoudre, ses douleurs pour
les calmer, ses espérances légitimes pour les
réaliser !

Aimons sa foi native. Aimons sa charité et son
apostolat. Aimons ses énergies et ses souplesses
étonnantes, qui lui permettent de rebondir d'un
seul coup des abîmes où ses ennemis la croyaient
perdue, aux sommets d'où elle les domine de sa
jeunesse, de sa force et de sa fécondité renais-
santes !

Mais aimons aussi l'Église, qui est notre Mère,
et qui a pour elle des promesses immortelles.

Rien ne peut contre l'Église. Ni la hache qui tue,
ni l'erreur qui ment, ni le scepticisme qui raille !
L'Église a tout vu, tout supporté, tout vaincu !

Et vous, qui vous vantez de préparer sa fin,

vous ne durerez pas, et elle vous ensevelira !
comme tous ceux qui vous ont précédés ! Ce n'est
pas d'aujourd'hui qu'elle connaît la lutte ! Toujours attaquée, et toujours victorieuse, elle voit
passer ses ennemis, tandis qu'elle demeure !
L'Église vit, et elle vivra belle et triomphante
jusqu'à la fin des siècles !

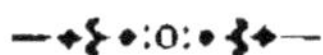

XXXIV

A ce moment, une nouvelle épreuve vint frapper
notre ami.

Dieu lui prenait sa bien-aimée sœur, Fille de la
charité de Saint-Vincent de Paul.

Ah ! la mort, qui est la grande ouvrière de Dieu
pour les œuvres de la justice, est aussi, heureusement, chargée des œuvres de la miséricorde et de
la prédestination. Au regard des saints, sa figure
est radieuse. Elle est le repos ; et elle invite à la
claire vision et aux joies éternelles.

C'est là notre confiance pour la sœur si excellente et si parfaite de Mgr Paul Malabat. Et c'est
une consolation à notre deuil et à nos vifs regrets
de retracer ici quelques traits de cette belle physionomie toute faite de douceur et d'amabilité,
d'innocence et de vertu.

Ah ! elles sont admirables ces femmes qui se
dévouent aux soins des pauvres, des malades, des
prisonniers, des incurables et des pestiférés !

Elles recueillent les voyageurs égarés. Elles aident les femmes de mauvaise vie à quitter leurs désordres.

Nous les connaissons et nous les admirons ces vierges, si bien nommées filles de la charité, que l'on trouve jusque sur les champs de bataille, agenouillées auprès de nos soldats blessés et leur prodiguant les soins affectueux de leurs mères absentes ! Elles sont partout où il y a une misère à soulager, une douleur à consoler, une larme à sécher, une plaie à panser, un malade à soigner, un infirme à assister, un lépreux à guérir et un fou à calmer !

Et savez-vous combien elles sont actuellement dans les écoles, dans les ouvroirs, les refuges, les dispensaires, les hôpitaux, tant en France que dans le monde entier ? Plus de vingt-cinq mille, dont vingt mille sont françaises !

Le catholique, l'hérétique, le schismatique, le blanc et le noir, les princes et les peuples, sous tous les soleils et sur toutes les plages, pleins d'admiration pour leur dévouement et pour leur héroïsme, leur confient leurs enfants à instruire, leurs jeunes filles à préserver, et leurs malades à soutenir !

XXXV

Née à Brocas, le 27 décembre 1841, Marceline Malabat avait hérité de toutes les vertus de ses parents chrétiens. Douée des plus précieuses qualités de l'esprit et du cœur, elle se fit remarquer dès ses plus jeunes années par sa régularité, son amour du travail et sa tendre piété.

Élevée à Brocas et à Mont-de-Marsan par de saintes religieuses, qui surent développer sa foi et ses mérites, elle devint en quelque sorte l'ange de la famille.

Mais les anges ont des ailes pour voler et se reposer en Dieu. Un jour, la pieuse et charmante Marceline entendit au fond de son cœur une voix qui la ravit ! C'était la voix de l'Époux de son âme qui l'appelait à Lui et lui faisait entrevoir les délices de son amour ! Viens à moi, lui disait Jésus-Christ. Sois mon épouse et la servante des pauvres !

Ces assauts puissants et doux la poursuivaient partout, au milieu de ses occupations, dans les distractions innocentes qu'elle goûtait au foyer domestique, et jusque dans son sommeil. Mais c'était surtout à l'église, pendant la sainte Messe, dans les rapides mais délicieux moments de la sainte communion, dans les visites au Très Saint Sacrement ou dans les longues heures qu'elle passait à orner les autels, que la voix de Dieu se faisait plus pressante.

Éclairée et soutenue par les sages conseils de son bon frère Paul, l'aimable enfant ne résista pas à ces appels divins.

Il y eut alors dans le cœur de Marceline Malabat une lutte terrible entre l'amour de Dieu exigeant le sacrifice, et l'amour de ses parents qu'elle chérissait au plus profond degré. Elle savait l'immense chagrin que son entrée en religion allait causer à sa famille, qui fondait sur elle les plus riantes espérances. Elle réfléchit beaucoup, elle pria plus encore, et enfin elle partit ! Après avoir demandé la bénédiction de son père et de sa mère, elle alla à Mont-de-Marsan frapper à la porte des Sœurs de Saint-Vincent de Paul. Elle commença là son heureux postulat, qu'elle termina à Paris, rue Saint-Guillaume, sur la paroisse de Saint-Thomas d'Aquin, dans une maison choisie de la communauté.

Le bon curé de Brocas, qui avait encouragé et dirigé sa vocation naissante, avait envoyé à la Supérieure générale cette recommandation simple mais éloquente : « La jeune postulante qui vous arrive a toujours été, dans ma paroisse, la demoiselle la plus pieuse et la plus édifiante ! »

Après avoir passé au Noviciat de la rue du Bac le temps nécessaire pour sa formation religieuse, elle prit le saint habit.

On avait justement apprécié tous les trésors de modestie, de douceur, de science et de vertu que possédait déjà Sœur Marie-Vincent Marceline Malabat.

De Narbonne, où la sainte obéissance l'avait tout d'abord envoyée, elle passa à Gaillac, où elle fut chargée de diriger une classe d'enfants. Elle allait aussi à domicile visiter les pauvres et les malades. Et, dans toutes ses fonctions, elle révéla une bonté, une prévenance, une sagesse, un dévouement et une piété vraiment incomparables. C'était une religieuse modèle et accomplie. Ses élèves ont gardé d'elle un souvenir profond et attendri. Et ses compagnes l'aimaient et la vénéraient comme la meilleure d'entre elles.

Et ses rapports avec les malheureux étaient empreints de tant de zèle, de douceur et d'amabilité qu'ils la faisaient unanimement estimer et bénir.

Ses qualités et ses mérites la firent bientôt transférer à Libourne, dans l'important asile des vieillards.

Pleine de sollicitude pour le salut des âmes, elle offrait à Dieu pour la conversion et la persévérance de ses nombreux vieillards, ses travaux, ses prières, ses sacrifices, ses souffrances et ses larmes.

Son esprit d'ordre et son activité purent dès lors s'exercer sur un plus vaste champ. Ce qu'elle déploya, dans cette maison, de foi et d'amour, d'héroïsme et de cœur est impossible à dire. Elle s'acquitta de ses diverses charges avec un empressement, une ponctualité et un soin admirables. Fidèle à toutes les grâces de sa sainte vocation, elle fut toujours une Sœur exemplaire. Ne pensant jamais à elle, elle ne s'occupait que de ses chères compagnes et de tous les vieillards.

Sa grâce, son aménité, sa piété rayonnante exerçaient autour d'elle une vraie séduction. Aussi, tout le monde, à Libourne, la saluait avec respect et aimait à l'entendre parler de Dieu et de ses pauvres.

D'un naturel charmant, d'une amabilité captivante, d'une réserve et d'une modestie parfaites, elle faisait un bien considérable.

Sa belle âme transpirait à travers le voile de son corps, et sa vertu éclatait sur son front. Il y avait dans son regard, dans sa parole et dans tout son maintien une telle douceur, une telle conviction, une telle dignité et un tel amour de Dieu, qu'on ne pouvait l'approcher sans se sentir meilleur !

Mais si bonne religieuse que fût la Sœur Marie-Vincent Marceline Malabat, elle avait conservé pour les membres de sa famille le plus fort et le plus tendre attachement. Tout en restant dans les limites et les exigences de la règle, elle sut, en toutes circonstances, prouver à tous les siens que la vie religieuse, loin de tarir dans les cœurs l'amour de la famille, ne fait au contraire que le développer, l'ennoblir, le surnaturaliser et le rendre plus vif et plus délicat. Comme Notre-Seigneur, elle aima tous les siens, et elle les aima jusqu'à la fin.

Et que dire de sa haute et ardente piété ? Toutes ses heures libres, elle les passait à la chapelle, en présence du Très Saint Sacrement. Son âme, candide et pure, s'exhalait en prières enflammées. Elle mettait sa joie à converser cœur à cœur avec le divin Maître. De près, de loin, au milieu même de ses occupations, elle ne pensait qu'à Dieu. Elle

l'invoquait sans cesse. Elle remplissait ses devoirs
de dévotion avec une exactitude et une ferveur
qu'on citera longtemps à l'asile des vieillards !
Comme sainte Thérèse, elle débordait d'enthousiasme et d'amour. Et ses pensées, ses affections,
ses paroles et ses actions étaient toutes pour
Dieu ! Ce qu'elle disait, elle le pratiquait : tout à
Dieu, rien à moi ! tout en Dieu, rien en moi !
tout pour Dieu, rien pour moi !

Après une telle vie de charité, de piété, d'innocence angélique, ses dernières années furent
très éprouvées par de continuelles et pénibles
souffrances. Mais sa patience resta toujours inaltérable, et sa résignation ne se démentit pas. Un
jour qu'on lui parlait de ses incessantes douleurs,
elle s'écria, le sourire sur les lèvres : « Oui, je
souffre beaucoup, mais je souffre bien volontiers !
et je demande à Dieu de souffrir plus encore pour
obtenir que Dieu bénisse de plus en plus les
miens, pour qu'il protège et accroisse notre chère
communauté, et pour le salut d'un plus grand
nombre d'âmes ! »

Purifiée au contact de la croix, Sœur Marie-
Vincent Marceline Malabat vit venir la mort avec
le plus grand calme. Elle reçut les derniers sacrements avec le bonheur d'une sainte. Et elle rendit
sa belle âme à Dieu, le mardi, 13 août 1895, à
huit heures du soir, âgée de cinquante-quatre ans.

La Sainte Vierge a voulu, pour la récompenser
de sa grande dévotion, l'associer à son triomphe
au Ciel, le jour de l'Assomption.

La désolation et l'accablement tombèrent sur toute la ville de Libourne, quand la nouvelle de la mort de Sœur Marie-Vincent Marceline Malabat fut connue. Il semblait que la cité perdait un de ses membres les plus aimés et les plus vénérés. Tous rendaient hommage à la bonté, à la vertu et aux mérites de la sainte Religieuse ! Et tous la pleuraient comme on pleure la plus tendre des mères !

Pour elle, elle venait de s'envoler vers Dieu. Et on croyait entendre cette parole du bon Maître : « Courage, bonne et fidèle servante, entrez dans la joie du Seigneur ! » Elle est déjà au Ciel où elle jouit de la juste récompense de sa foi, de sa pureté, de ses travaux et de ses sacrifices.

Ses funérailles eurent lieu à Libourne au milieu du concours de la ville tout entière. Jamais plus nombreuse affluence, et jamais plus de prières et plus de larmes sur un cercueil !

L'office terminé, son plus jeune et cher frère, Jules Malabat, qui était accouru près d'elle depuis une semaine, et qui avait si tendrement reçu son dernier soupir, partit avec son corps, qui repose dans le caveau de la famille, à l'église d'Ochancourt (1).

(1) Elle se réjouissait en pensant que le Ciel vaut mieux que la terre. Et à la mort qui approchait elle dit: Je suis prête !

Sa vie avait été belle, mais sa mort fut plus édifiante encore ! Après avoir tant de fois exhorté les autres à bien vivre, ma sœur Marie-Vincent-Marceline Malabat va couronner ses enseignements en nous apprenant à bien mourir.

Avec quels sentiments de foi, de piété et de résignation elle a reçu les derniers sacrements ! Munie de la force divine de la sainte Communion et de l'Extrême-Onction ; entourée de sa bonne et bien-aimée supérieure, sœur Boinet, et de ses chères compagnes de l'asile des

XXXVI

Ce coup fut écrasant pour Mgr Paul Malabat. Car il aimait sa sœur de l'amour le plus fort. Il la considérait comme une sainte, et il lui était vivement attaché.

Mais sa foi lui fit accepter ce cruel sacrifice. « O Seigneur ! disait-il, que votre volonté soit faite et non pas la mienne ! Votre main qui me frappe, me bénira un jour ! Ma blessure est profonde ; mais elle me méritera votre miséricorde ! »

Il n'en devint que plus fidèle à ses devoirs et à son ministère.

Ah ! quelles que soient les attaques et les calomnies dont notre sainte Religion soit l'objet ; quelque démenti que lui donnent l'athéisme et l'incrédulité ; de quelque ridicule que la philosophie s'efforce de la couvrir, il y a une chose que ne peuvent nier ni la philosophie, ni l'athéisme, ni l'incrédulité, c'est le dévouement simple et vrai dont la religion est la mère.

vieillards de l'hôpital et de l'ouvroir, et après m'avoir plusieurs fois embrassé, elle s'est endormie dans la paix du Seigneur !

Le lendemain, dès l'aurore, il fallut ouvrir à l'impatience de la vénération publique l'accès de la chapelle ardente où reposait son corps. Et depuis ce moment jusqu'à neuf heures du soir, l'affluence ne discontinua pas. Les femmes et les enfants faisaient toucher à la sainte dépouille toutes sortes d'objets religieux. Et les autorités civiles et militaires, les habitants de la ville et les vieillards de l'établissement, après avoir longtemps prié, s'éloignaient en essuyant leurs larmes !

Après un office et une messe d'une très grande solennité, avec un immense concours de fidèles et de prêtres, j'ai ramené son corps dans l'église d'Ochancourt, où il dort du pur sommeil des justes, à côté des restes vénérés de notre excellent père, de notre tendre mère et de notre cher frère.

(Récit de son bon frère Jules Malabat, propriétaire au château d'Ochancourt.)

On vante l'amour de la Patrie comme.le mobile des plus beaux dévouements. Oui, sans doute, ils sont beaux ! mais que sont-ils à côté des dévouements que l'amour de Dieu inspire ? D'un côté, c'est l'éclat, c'est la gloire ! et de l'autre, c'est une vie d'humilité, d'abnégation et de souffrances ! Ici, point de repos, point de bruit, point de gloire, si ce n'est le repos d'une conscience pure, l'espérance de sauver des âmes et la gloire d'être agréable à Dieu !

En effet, ses nombreuses années, à quoi donc Mgr Paul Malabat les a-t-il consacrées ? A aimer Dieu et à servir les âmes ! Embrassez d'un regard cette longue carrière et vous verrez qu'elle a été tout entière employée à cette fin. Son esprit, son cœur, ses forces, ses jours et ses nuits même, tout était concerté autour de ce seul but. Enchaîné à sa tâche par vocation, il y était plus enchaîné encore par je ne sais quelle ardente et divine passion. « Oh ! que nous sommes heureux, disait-il à ses confrères, d'avoir reçu cette mission sublime de faire connaître Dieu et de sauver des âmes ! »

Voilà pourquoi, ne vivant guère de notre misérable vie, notre saint et dévoué pasteur vivait principalement, sinon absolument, de la vie de Jésus-Christ. Et le rayonnement de cette vie se faisait jour chez lui à travers le voile de sa chair, sur son front, sur ses traits, dans son langage, dans son maintien et dans toute sa personne.

Quelle physionomie à la fois douce et majestueuse ! douce comme la miséricorde, majestueuse comme le devoir ! Quelle aimable candeur ! Cette candeur dont Massillon a dit, dans son éloge de Bossuet : « qu'elle caractérise toujours les grands hommes et les esprits de premier ordre ». Quelle conversation attachante ! C'était bien là le *lingua eucharis in bono homine* de la Sainte Écriture. C'était comme des rayons de soleil et des rayons de miel sur des lèvres immaculées !

Et de cet harmonieux mélange de la nature et de la grâce résultait un merveilleux attrait, dont tout le monde subissait avec bonheur le charme.

Et plus il vieillissait, plus l'homme de Dieu se révélait en lui. Les années avaient beau s'accumuler sur sa tête, elles ne changeaient rien à ses pieuses habitudes. Sa journée, à 69 ans, était remplie des mêmes œuvres qu'aux premiers jours de son sacerdoce. Mêmes prières, mêmes exercices de piété, même labeur, même zèle en action.

Il s'était acquis ainsi l'estime et l'affection de tous. Ses confrères l'entouraient de respect et de vénération, et ses paroissiens, témoins enchantés de la régularité de sa vie exemplaire, lui prodiguaient les marques du plus sincère attachement.

Ses œuvres se développaient avec un succès croissant, et sa chère paroisse devenait de plus en plus chrétienne et pratiquante.

Mais, hélas ! l'excès du travail, avec la douleur de la perte successive de son père, de son frère, de sa mère et de sa sœur, minaient depuis longtemps sa robuste constitution. Les forces s'en allaient à vue d'œil. Il fallut s'arrêter. Et sur les

instances les plus pressantes et les plus amicales
de son cher frère Jules Malabat, il consentit à se
retirer chez lui, au château d'Ochancourt, pour y
prendre un repos nécessaire. Mais au milieu de
son troupeau, quelle désolation ! Tous les cœurs
se sentirent brisés par le coup de son éloigne-
ment ! que de protestations, que de regrets, que de
larmes sur son départ ! quelles scènes déchirantes !
Ah ! il fut alors donné de voir quelle place il occupait dans toutes les âmes, qui pleuraient leur guide,
leur confident, leur consolateur, leur soutien et leur
père. Et, chaque dimanche, sinon même chaque
jour, c'était comme un pèlerinage au château
d'Ochancourt, pour revoir le bien-aimé pasteur
et recevoir encore ses encouragements et ses
sages conseils.

XXXVII

Mais un pareil ouvrier du Seigneur ne pouvait
supporter bien longtemps l'inaction.

Après sept mois de calme, de recueillement et
de prières, se sentant en état de travailler encore
à la gloire de Dieu et au salut des âmes, Mgr Paul
Malabat accepta une nouvelle paroisse, moins
fatigante et plus pieuse que la première.

Dans sa haute bienveillance, et pour le récompenser de son long et fécond ministère, Mgr Dizien,
évêque d'Amiens, lui offrit plusieurs cures importantes ; mais notre illustre et saint ami préféra

un théâtre d'action plus tranquille et surtout plus chrétien. Il choisit donc Sorel-le-Grand, à cause de sa belle église, de son magnifique presbytère, et de sa population éminemment chrétienne.

Il en prit possession, le dimanche 14 octobre 1897, au milieu d'un concours immense de fidèles, et avec une joie partagée de l'excellent pasteur et du digne troupeau.

En peu de temps, il conquit l'estime et l'affection de tous. Et si Mgr Malabat était heureux dans sa bonne paroisse, il faut aussi convenir que ses paroissiens étaient fiers et enchantés de lui.

Voici en quels termes flatteurs M. le Maire en écrivait, deux mois après, à Mgr l'Évêque : « Nous vous remercions, Monseigneur, du prêtre distingué et choisi qu'il vous a plu de nous donner. Ses qualités, ses vertus, son talent remarquable, ses mérites exceptionnels sont loués et admirés de tous. Nous en sommes, en vérité, ravis et très reconnaissants. La religion, déjà si honorée et si bien pratiquée parmi nous, ne pourra que gagner sous un ministre du Seigneur aussi bon, aussi capable et d'un zèle aussi parfait. Ses visites aux malades, ses catéchismes, ses éloquentes prédications, et la régularité et la solennité des offices paroissiaux provoquent un véritable enthousiasme et attachent toutes les âmes à Dieu ! »

Il enrichit son église de magnifiques lustres, et les autels de superbes candélabres. Il fit revernir et redorer les admirables boiseries sculptées du sanctuaire et du chœur. Et, pour aviver la piété des fidèles, il compléta la série des statues des saints et des saintes les plus en honneur et en vénération.

Mgr Paul Malabat ne s'arrêtait devant aucune dépense pour rendre plus belle et plus brillante la maison du Seigneur. C'est ainsi qu'il fit exécuter dans tout le temple saint des peintures murales et des fresques décoratives du meilleur goût et d'un très grand effet.

D'autre part, à côté d'un lutrin renommé d'une dizaine de chantres, il organisa un chœur de demoiselles chanteuses vraiment remarquable, et qui, tous les dimanches, rehaussait singulièrement le charme et la splendeur du culte.

En tout et toujours, le pieux curé n'avait rien tant à cœur que la propreté, l'embellissement et la richesse de son église, l'attrait et la fréquentation des offices, et le progrès de ses chers Soréliens dans la pratique religieuse.

Et, en effet, Mgr Paul Malabat multipliait les efforts de son zèle pour faire de sa paroisse un paradis terrestre. En carême, dans le mois de Marie, dans l'Octave du Très Saint Sacrement, pendant le mois du Saint-Rosaire, et en novembre pour les âmes du Purgatoire, il avait chaque soir réunion à l'église, avec chants, instruction et prières.

On aimait la pompe et la majesté qu'il apportait dans les cérémonies, et on était avide de sa parole si sympathique, si élevée, si instructive et toujours captivante. On assistait en grand nombre aux offices, et, à chaque fête, les communions étaient très abondantes. Grâce aux travaux du pasteur et aux œuvres établies, la paroisse devenait de jour en jour meilleure.

Le dimanche, il prêchait à la grand'messe, aux vêpres et au salut ; et c'était un bonheur de voir le bon curé rayonner d'allégresse au milieu de ses ouailles empressées et attentives.

Voilà pourquoi tout s'animait et se transformait à Sorel-le-Grand. Et voilà pourquoi, au cours de ses triomphes et du bien qu'il faisait, Mgr Paul Malabat remerciait la divine Providence, et s'attachait de tout cœur à des paroissiens qui savaient comprendre ses efforts et correspondre à la grâce de Dieu !

En effet, Dieu était de plus en plus connu, adoré et servi. On fréquentait les Sacrements, et tous les devoirs religieux s'observaient à l'envi. Le pasteur vénéré recueillait tous les fruits de son saint ministère ; et les années s'écoulaient de la sorte douces et édifiantes.

Mgr Paul Malabat se plaisait à redire toutes ses consolations, et les paroissiens étaient heureux de répéter leurs joies et leur enchantement ! Le pasteur chérissait ses brebis, et les brebis émerveillées honoraient et aimaient leur pasteur !

Intrépide soldat de Jésus-Christ, le bon curé voulait vivre et mourir sur la brèche.

Au milieu des douleurs du présent, et devant les incertitudes de l'avenir, en France ; à la veille de combats nouveaux ; dans des jours de ténèbres, d'inquiétude et de menaces, son zèle ne se laissait jamais abattre et sa sagesse et sa fermeté étaient toujours à la hauteur de la situation. A travers les ruines politiques, il travaillait avec un courage indomptable à la restauration du règne de Jésus-Christ.

Ses exemples et ses œuvres demeureront après lui comme un héritage impérissable de lumière et de force. Foi vive, amour passionné de son Dieu, zèle ardent pour le salut des âmes, charité compatissante et sans bornes pour les pauvres, les déshérités et les meurtris de la vie, affabilité attirante, exquise délicatesse du cœur : telles étaient les qualités maîtresses de Mgr Paul Malabat. Jaloux d'être bon sous le regard de Dieu, incapable de dévier de la ligne du devoir, il a passé en faisant le bien ! Pendant plus d'un demi-siècle, il a mis au service de l'Église un talent supérieur et un dévouement sans limites ! Et si nos hommages unanimes forment autour de son nom comme une couronne d'honneur, cela vient de ce qu'on a rarement vu une conscience aussi limpide, un caractère aussi intègre, des qualités aussi parfaites, et des vertus aussi admirables !!!

Comme lui, aimons et servons Dieu ! et obéissons sans réserve à l'Église !

Je ne saurais terminer par de plus belles et plus saintes paroles. Et j'ai ainsi accompli un devoir d'amitié. J'ai tracé, comme j'ai pu, mais avec tout mon cœur, le tableau de la vie d'un bon prêtre, d'une des vies les plus édifiantes que j'ai jamais connues !!!

MISSIONS

Mgr Paul MALABAT a prêché :

Des Missions, des stations de l'Avent ou du Carême, des mois de Marie, des retraites de religieuses, de mères chrétiennes ou d'enfants de Marie, des adorations, des panégyriques et des sermons de charité, des premières Communions et des confirmations.

A Paris : à Sainte-Madeleine, à Notre-Dame de Lorette, à Saint-Thomas d'Aquin, à Sainte-Clotilde, à Notre-Dame de Passy, à Saint-Honoré-d'Eylau, à Saint-Augustin et à Vincennes.

A Lyon : à Saint-Pothin, et à Roanne.

A Tours : à Saint-Julien, à Saint-Symphorien, à Sainte-Anne, et chez les Carmélites ; à Chinon, à l'Isle-Bouchard, à Ligueil, à Azay-le-Rideau, à Saint-Avertin, à Montrésor, à Saint-Patrice, à Bourgueil, à Gizeux, à Cléré, à Savonnières, à Château-la-Vallière, et au couvent des Sœurs de Saint-Martin.

A Orléans : à Saint-Aignan, à Saint-Pierre-le-Puellier, à Saint-Marceau, à Olivet, à Saint-Euverte, à Neuville-au-Bois, à Saint-Hilaire-Saint-Mesmin, à Loury, à Combreux, à Ferrières, à Beaune-la-Rolande, au Bon-Pasteur, et au couvent de Saint-Aignan.

A Bourges : à Saint-Pierre-le-Guillard, à Mehun, à Poisieux, à Chezal-Benoît, à Issoudun, à Saint-Plantaire, à Sainte-Lizaigne, à Lourdoueix-Saint-Michel, à Orsennes, à Aigurandes, à Saint-Denis-de-Jouhet, à Notre-Dame-de-Pouligny, à Valençay, à Argenton, à Buzençai, à la cathédrale, et à Notre-Dame de Châteauroux.

A Moulins : à la cathédrale ; à Montluçon, à Lapalisse, à Mayet-de-Montage.

A Autun : à la cathédrale ; à Tournus, à Paray-le-Monial et à la Visitation de Paray-le-Monial.

A Clermont-Ferrand : au couvent de l'Immaculée-Conception.

A Châlons-sur-Marne : à Saint-Loup.

A Dijon : à Saint-Michel, à Marigny-le-Cahouet.

A Laval : à Château-Gontier.

A Gaillac : à Saint-Michel, et chez les Sœurs de Saint-Vincent de Paul.

A Libourne : à Saint-Jean, à l'asile des vieillards, et à l'ouvroir des Sœurs de Saint-Vincent de Paul.

A Mont-de-Marsan : à Sainte-Madeleine, à Brocas, à Cère, et à Labrit.

A Bayonne : à Saint-Jean-de-Luz, et à Biarritz.

A Clermont-Oise : à la paroisse, et à Fitz-James.

A Amiens : à la cathédrale, à Saint-Remy, à Saint-Jacques, à Saint-Leu, à Saint-Germain, à Saint-Martin, à Saint-Honoré, à la Visitation, aux Ursulines, aux Louvencourt, aux Fidèles Compagnes de Jésus, aux Clarisses, au Pensionnat Saint-Martin, chez les Sœurs de l'Espérance, au

Bon-Pasteur, et chez les Frères des Écoles chétiennes.

A Albert, à Péronne, à Roye, à Villers-Bretonneux, à Domart-sur-la-Luce, à Thézy, à Daours, à Bussy-les-Daours, à Ribemont, à Sauvillers-Mongival, à Flers-sur-Somme, à Oresmaux, à Saleux, à Flixecourt, à Bougainville, à Mesnières, à Gamaches, à Tilloy-Floriville ; à Saint-Valéry-sur-Somme, à Feuquières, à Ault, à Bourseville, à Allenay, à Tully, à Béthencourt-sur-Mer, à Woincourt, à Fressenneville, à Yzengremer, à Nibas, à Valines, à Ochancourt, à Friville, à Fins, à Ytres, à Heudicourt, à Guyencourt-Saulcourt, à Naves près Cambrai, à Équancourt, à Nurlu, à Villers-Faucon, à Liéramont, à Templeux-la-Fosse.

—◆§•:o:•§◆—

DOCUMENTS

Nous apprenons avec douleur la mort prématurée de
M⁽ˡˡᵉ⁾ Marinette Malabat. Jeune fille charmante, douée de
toutes les qualités de l'esprit et du cœur, elle faisait
présager un heureux avenir. D'une grande piété et d'une
amabilité sans égale, elle était extrêmement aimée. Elle
était la joie et l'ornement de sa chère famille. Nous qui
l'avons connue, nous la pleurons et nous la regrettons.

(*Le Journal des Landes.*)

Mont-de-Marsan.

IMAGE DE DEUIL

Souvenez-vous, dans vos prières, de l'âme de
M⁽ˡˡᵉ⁾ Marinette Malabat, décédée saintement dans
la paix du Seigneur, chez les Sœurs de saint Vincent
de Paul, rue Saint-Guillaume, à Paris, le jeudi
8 décembre 1859, dans sa douzième année, administrée des sacrements de notre mère la Sainte
Église, et inhumée au cimetière Montparnasse.

Elle a passé sur la terre comme un souffle bienfaisant
et rapide, toujours bonne, toujours aimable, toujours tendre
et toujours dévouée. (Fénelon.)

Tous ceux qui l'ont connue, l'ont aimée, et la regrettent
(Saint Augustin.)

Parce que son âme était agréable à Dieu, le Seigneur
l'a cueillie comme une tendre fleur. (Sagesse.)

> O chaste et blanche fleur, si vite moissonnée,
> Jésus, en te cueillant, vierge, t'a couronnée!
> Que ton sort est heureux !
> Dans le cœur de ton Dieu !

Nous qui l'avons aimée pendant sa vie, ne l'oublions pas après sa mort. (Saint Augustin.)

Miséricordieux Jésus, donnez-lui le repos éternel ! (7 ans et 7 quarantaines d'indulgence.)

Doux cœur de Marie, soyez mon salut! (300) jours d'indulgence.)

—◆ ◆:o: ◆ ◆—

Cher Monsieur l'Abbé,

J'ai la douleur de vous apprendre que votre bien-aimé père va plus mal. Il est dans un état de prostration complète, sans mouvement et presque sans parole, mais avec toute sa connaissance. M. le Curé vient de le communier et de l'extrémiser. Le cher malade a réclamé lui-même ces sacrements, et il les a reçus avec une piété et une résignation admirables. Pas une plainte ne sort de sa bouche. Dans votre malheur, vous trouveriez quelque consolation à assister à ses derniers moments, car il s'éteint comme un saint. Il ne cesse d'invoquer Dieu et de baiser le Crucifix...   J. HÉMOUS,

Brocas, le 21 mars 1869.   Directeur de la Poste.

Cher Monsieur l'Abbé,

J'ai la douleur de vous apprendre que votre bien-aimé père vient de rendre son âme à Dieu. Il est mort, ou plutôt il s'est endormi dans la paix du Seigneur à deux heures du matin, sans convulsion, sans agonie et sans souffrance. C'est vraiment la mort d'un saint. Votre cousin de Sauques et moi lui avons fermé les yeux. Tous ici nous prenons part à l'immense malheur qui vient de vous frapper ! Vous perdez le meilleur des pères, et nous perdons le meilleur des amis ! Si vous pouvez quitter votre mission à Paray-le-Monial, arrivez-nous bien vite. Venez consoler votre mère désolée ! Elle vous laisse le soin d'annoncer cette perte à votre sœur, fille de la charité de Saint-Vincent de Paul et à vos frères Eugène et Jules. Et, en vous attendant, nous pleurons avec vous le plus parfait des hommes !

J. HÉMOUS,

Brocas, le 25 mars 1869.   Directeur de la Poste.

Mon bien cher Paul,

C'est surtout dans les jours d'épreuve que les véritables amis doivent prouver leurs sentiments. C'est à ce titre que je m'empresse de vous écrire.

Oui, mon cher Paul, mes regrets se mêlent aux vôtres et je pleure avec vous votre bien-aimé père ! Il était si honnête et si bon ! Tous ceux qui le connaissaient, l'aimaient profondément. Pour ma part, j'ai perdu en lui l'ami le plus fidèle et le plus dévoué !

La dernière fois que je suis allé à Brocas, je l'avais trouvé changé. Et, en le quittant avec une vive tristesse, j'avais le pressentiment que je ne le verrais plus.

Sa mort a été celle d'un saint ; je n'en suis pas surpris. Votre père était par excellence un homme d'honneur et de vertu. Ses qualités et ses mérites étaient appréciés de tous. Généreux et serviable, il mettait son plaisir à se rendre utile et à se dévouer. Aussi, sa mémoire reste en bénédiction. Que dis-je ? Ce n'est pas à vous qu'il faut faire son éloge, car, mieux que personne, vous avez connu tous les trésors de son excellent cœur...

Si, avant de repartir en mission, vous pouvez m'accorder quelques jours à Patience, vous me rendrez bien heureux. Et alors, nous parlerons encore de notre cher

10

défunt. Et, en vous espérant, croyez, mon bien cher Paul, à ma sincère et inaltérable affection.   DE RIVIÈRE.

Château de Patience, le 9 avril 1869,
Saint-Avit, près Mont-de-Marsan.

La mort vient de frapper un de nos amis les plus sympathiques et les plus estimés. M. Vital Malabat, de Brocas, l'homme de toutes les bontés et de tous les dévouements, s'est très doucement et très chrétiennement endormi dans la paix du Seigneur et le sommeil du juste, vendredi, à deux heures du matin.

La vie de M. Vital Malabat a été constamment admirable. Et les hommes comme lui n'ont pas besoin qu'on fasse leur oraison funèbre. Leur mémoire trouve, dans les regrets qu'ils laissent, le témoignage du bien qu'ils ont su faire et de l'estime et de la vénération qu'ils ont su s'attirer.

M. Vital Malabat était l'homme du monde le plus loyal, le plus aimable et le plus dévoué. Ses rares qualités de l'esprit et du cœur l'avaient fait apprécier universellement. Et à Brocas, et dans les environs, il jouissait d'une réputation et d'une influence aussi grandes que méritées.

Voilà pourquoi nous sommes heureux de rendre à toutes ses vertus le plus complet hommage...

(Le Journal des Landes.)

Mont-de-Marsan, 1869.

IMAGE DE DEUIL

Souvenez-vous, dans vos prières, de l'âme de Vital Malabat, pieusement décédé dans la paix du Seigneur, à Brocas, le Vendredi Saint, 25 mars 1869, à l'âge de 64 ans, administré des Sacrements de notre mère la Sainte Église, inhumé dans le cimetière de la paroisse, mais plus tard transféré à Ochancourt (Somme), dans le caveau de la famille.

Il était bon, bienveillant et agréable à tous. (Macchabées.)

Il craignait Dieu et était considéré de tous. (Job.)

Il fut la joie des siens. (Saint Paul.)

Il est mort, en laissant un admirable exemple de courage et de foi. (Macchabées.)

Ses œuvres l'ont suivi, et il a trouvé en Dieu le repos éternel. (Apocalypse.)

Il fut aimé de Dieu et des hommes ; et sa mémoire reste en bénédiction. (Ecclésiaste.)

Mon Jésus, miséricorde ! (100 jours d'indulgence.)

Miséricordieux Jésus, donnez-lui le repos éternel ! (7 ans et 7 quarantaines d'indulgence.)

Doux cœur de Marie, soyez mon salut ! (300 jours d'indulgence.)

C'est avec un très profond regret que nous avons appris la mort de M. Eugène Malabat, négociant à Amiens. Parfait honnête homme et excellent chrétien, il était universellement estimé et aimé. Il s'est endormi doucement dans la paix du Seigneur, chez son plus jeune frère, au château d'Ochancourt, fortifié par les sacrements de la religion, soutenu par les exhortations du pieux et sympathique curé d'Escarbotin, et entouré de sa chère épouse, de ses bien-aimés enfants et de toute sa famille en prières et en larmes.

Son service et son inhumation ont eu lieu en l'église d'Ochancourt et dans le caveau de la famille, au milieu

d'une très nombreuse assistance de prêtres, de fidèles et d'amis.   *(L'Écho de la Somme.)*
Amiens, 1891.

Un jeune et fier Landais vient de mourir au château d'Ochancourt, dans la Somme, chez son plus jeune frère. Nous voulons parler de M. Eugène Malabat, ce brillant officier de 1870, sans peur et sans reproche. En maintes circonstances, il a donné la preuve de son grand cœur et de son abnégation. Qui ne sait sa glorieuse conduite, dans la dernière guerre ? A Amiens et dans les environs, il fut toujours au premier rang.

Populaire entre tous, il était on ne peut plus estimé et aimé.

Son nom était synonyme de loyauté, de probité, d'honneur et de vertu.

Jamais peut-être, on ne vit un meilleur caractère et une âme plus droite.

Il était universellement connu et apprécié dans la ville d'Amiens.   *(Le Journal des Landes.)*
Mont-de-Marsan, 1891.

Très honorés et bien chers amis,

J'ai appris avec une immense douleur la mort de votre excellent frère Eugène. Comme vous, je l'estimais et je l'aimais. Ses qualités étaient exceptionnelles. A peu près du même âge, j'ai été, plus que personne, à même de le connaître et de l'apprécier à sa juste valeur. Il avait le caractère le plus charmant du monde ; et son cœur, on peut le dire, était fait de bonté et de dévouement. Aussi, je le regrette et je le pleure autant que vous. Car si vous perdez le meilleur des frères, je perds le plus aimable et le plus fidèle des amis. Mais, en faisant ressortir ses mérites, je m'aperçois que je ne fais qu'augmenter votre peine et la mienne. Ah ! mon très honoré et cher Paul, et mon bien-aimé Jules, croyez du moins à tout mon chagrin ; et soyez sûrs que je n'oublierai jamais Eugène Malabat !.....

THOMAS TINARRAGE,
Maire, Conseiller général.

Brocas, 1891.

IMAGE DE DEUIL

Souvenez-vous, dans vos prières, de l'âme de M. Eugène Malabat, pieusement décédé dans la paix du Seigneur, au château d'Ochancourt, le samedi, 26 septembre 1891, dans sa quarante-huitième année, administré des sacrements de notre mère la sainte Église, et inhumé à Ochancourt, dans le caveau de la famille.

Bienheureux ceux qui meurent dans le Seigneur. (Apocalypse.)

Il a passé en faisant le bien. (Actes des Apôtres.)

C'était un homme simple et droit, craignant Dieu et évitant le mal. Et il était considéré de tous. (Job.)

Il fut la joie des siens. (Saint Paul.)

Il a été pleuré de tous ceux qui l'ont connu. (David.)

Bon et fidèle serviteur, il est entré dans la joie de son Dieu. (Saint Luc.)

Nous le verrons au Ciel. (Job.)

Nous qui l'avons aimé pendant sa vie, ne l'oublions pas après sa mort. (Saint Augustin.)

Mon Jésus, miséricorde ! (100 jours d'indulgence.)

10.

Miséricordieux Jésus, donnez-lui le repos éternel ! (Sept ans et sept quarantaines d'indulgence.)

Doux cœur de Marie, soyez mon salut ! (Trois cents jours d'indulgence.)

Vendredi, 12 février, s'est éteinte doucement et saintement, au presbytère d'Escarbotin, à l'âge de quatre-vingt-six ans, Mme Jeanne Françoise Malabat, née d'André. C'était une femme d'un grand cœur. Elle était admirable de foi et de piété. Sa bonté, sa douceur et son dévouement en faisaient une épouse et une mère d'élite. Modèle de toutes les vertus, elle possédait vraiment tous les mérites. Administrée des sacrements, elle est morte comme une sainte, dans les bras de son cher fils, le digne et sympathique curé d'Escarbotin.... *(L'Écho de la Somme.)*
    Amiens, 1892.

Une noble Landaise vient de quitter la terre, pour s'envoler au Ciel. C'est l'excellente mère de notre illustre compatriote, Mgr Paul Malabat, curé d'Escarbotin. Après avoir rempli une longue et sainte vie, elle est morte à l'âge de quatre-vingt-six ans. Tous ceux qui l'ont connue, l'ont en vénération. Sa foi, sa piété, sa charité, ses vertus éminentes en faisaient une femme du plus complet mérite. Nous offrons à ses chers fils, Paul et Jules, nos plus cordiales condoléances et nos meilleures amitiés.

(Le Journal des Landes.)
    Mont-de-Marsan, 1892.

IMAGE DE DEUIL

Souvenez-vous dans vos prières, de l'âme de Mme Jeanne-Françoise Malabat, née d'André, pieusement décédée dans la paix du Seigneur, au presbytère d'Escarbotin, le vendredi 12 février 1892, à l'âge de quatre-vingt-six ans, administrée des sacrements de notre mère la sainte Église, et inhumée à Ochancourt, dans le caveau de la famille.

Ce fut une femme de bien, à l'esprit élevé, au cœur droit, craignant Dieu et évitant le mal. (Proverbes.)

Elle a su gouverner sa maison, élever ses enfants et faire aimer et servir le Seigneur. (Timothée.)

La sérénité de son âme brillait sur son visage. (Ecclésiaste.)

Ange de foi, d'espérance et de charité, elle puisait en Dieu sa confiance, sa force et ses mérites. (Ecclésiaste.)

Elle a passé en faisant le bien. (Sagesse.)

Nous qui l'avons aimée, nous prierons Dieu pour elle (Saint Ambroise.)

Mon Jésus, miséricorde ! (Cent jours d'indulgence.)

Miséricordieux Jésus, donnez-lui le repos éternel ! (Sept ans et sept quarantaines d'indulgence.)

Doux cœur de Marie, soyez mon salut ! (Trois cents jours d'indulgence.)

L'Asile des vieillards et la ville de Libourne viennent de perdre la plus sainte et la meilleure des Sœurs de Saint-Vincent de Paul. Elle s'appelait Marceline-Marie-Vincent Malabat. Jamais créature plus douce et cœur plus dévoué. Les vieillards l'aimaient comme une mère, et la cité entière la vénérait comme un ange de charité. Ses qualités et ses vertus étaient exceptionnelles. Tout le monde la regrette et la pleure ; et sa mémoire restera toujours chère. Ses funérailles ont été magnifiques. Plus de trois

mille personnes de tout âge, de tout rang, de toute position entouraient son cercueil. M. le sous-préfet, le maire
et le conseil municipal, le général commandant la subdi-
vision avec les officiers, le député de l'arrondissement,
le président et les membres de la commission administrative de l'Asile, le président, le procureur et le juge du
Tribunal civil, et plus de trente prêtres assistaient à la
triste cérémonie. Les sympathies, les prières et les
larmes étaient unanimes en faveur de cette religieuse si
bien connue, si estimée et si aimée !..

(La Gazette de Libourne.)

Libourne, 1895.

On vient d'inhumer à Ochancourt, dans le caveau de
la famille, Sœur Marceline-Marie Malabat, fille de la
charité de Saint-Vincent de Paul, née à Brocas, et décédée
en odeur de sainteté, à l'Asile des vieillards, à Libourne.
Les journaux de cette ville proclament à l'envi les qualités et les vertus de cette religieuse. Elle avait un cœur
d'or. Douce, aimable, patiente et dévouée, elle aimait et
servait les vieillards, comme la meilleure des mères sait
aimer et servir ses enfants. Tout le monde, à Libourne,
la connaissait et appréciait ses éminents mérites ; et elle
y était universellement goûtée et vénérée. Aussi, à sa
mort, la ville tout entière a pris le deuil, et, en assistant
à ses obsèques, a voulu lui payer une dette sacrée d'estime et de reconnaissance !... (L'Écho de la Somme.)

Amiens, 1895.

Bien chers Messieurs,

Comment vous dire nos regrets ? Comment vous exprimer la douleur profonde que nous fait éprouver la
mort de votre très chère et très honorée sœur ? Nous
l'estimions à et nous l'aimions l'égal d'une sainte. Elle

était, en effet, si bonne, si aimable et si dévouée ! Son éloge, à Libourne, est sur toutes les lèvres ; et sa mémoire vivra dans tous les cœurs. Toute la ville la connaissait et l'appréciait à sa haute valeur. Aussi, elle est universellement regrettée et pleurée. Elle est morte comme une sainte, entourée de tous les soins et de tous les secours. Et, après son décès, sa figure angélique semblait dire qu'elle n'était qu'endormie dans la paix du Seigneur. Son âme est à présent au ciel, recueillant le prix de ses mérites et de ses œuvres, durant trente-cinq ans de vocation. Le nom de Sœur Marceline Marie-Vincent Malabat restera toujours cher à l'Asile des vieillards. Quant à nous, nous ne l'oublierons jamais!..... P. DRIVIÈRE.

Libourne, 1895.

Monseigneur,

Votre bien-aimée Sœur, Marceline - Marie - Vincent Malabat laisse d'unanimes regrets. Ses vertus éminentes et son dévouement aux vieillards de l'Asile lui avaient conquis les sympathies et la vénération de la ville toute entière. Je crois pouvoir vous affirmer que jamais fille de la charité de Saint-Vincent de Paul ne fut plus appréciée que votre bonne sœur. Pleine de qualités, riche en mérites, elle est allée au Ciel recevoir l'éternelle récompense. Au lieu de prier pour elle, mon cœur me porte à l'invoquer comme une sainte et une amie de Dieu... Mais il faut ajouter que Libourne, après lui avoir fait des obsèques admirables, sera certainement fidèle à garder sa mémoire.

Vicomtesse de LARRARD.

Château de Mon-Repos, près Libourne, 1895.

Bien chers Amis,

En ma qualité de président de la commission administrative de l'Asile des vieillards, je viens vous dire nos regrets et notre gratitude. Oui, notre sincère et profonde reconnaissance ; car, pendant près de trente ans, votre chère sœur Marceline-Marie-Vincent Malabat a rendu à nos infirmes des services inoubliables. Vraie fille de la charité de Saint-Vincent de Paul, elle s'est dévouée avec un zèle, une douceur et une persévérance au-dessus de tout éloge. Ses bontés, ses soins pour les malades étaient en tous points admirables. Jamais mère n'a eu plus de tendresse pour ses enfants que Sœur Vincent en avait pour ses vieillards. Ah ! voilà pourquoi aussi nous la regrettons si vivement ! Ses rares qualités, ses mérites exceptionnels nous avaient attachés à elle de tout notre esprit et de tout notre cœur. Que dis-je ? la ville entière connaissait ses vertus et l'estimait profondément. Aussi, le deuil a-t-il été universel. Les vieillards de l'Asile l'ont pleurée ; mais Libourne n'a pas été moins affligé. Sœur Marceline-Marie-Vincent Malabat avait si bien toutes les sympathies et toutes les admirations, que plus de trois mille personnes, avec toutes les autorités civiles et militaires, et trente prêtres au moins, ont assisté à ses consolantes et magnifiques funérailles. Jamais plus belle manifestation, en faveur d'une fille de la charité, si parfaite et si sainte !...   Léopold SUREIN,

Libourne, 1895.   Vice-président de la commission
des Hospices.

—◆♦•꞉꞉•♦◆—

IMAGE DE DEUIL

Vous qui l'avez connue et aimée, souvenez-vous, dans vos prières, de l'âme de sœur Marceline-Marie Vincent Malabat, Fille de la Charité de Saint-Vincent de Paul, endormie doucement et saintement dans la paix du Seigneur, à l'Asile des vieillards, à Libourne, le mardi, 13 août 1895, à 8 heures du soir, à l'âge de 54 ans, administrée des sacrements de notre Mère la sainte Église, et inhumée à Ochancourt, dans le caveau de la famille, à côté de son père, de sa mère et de son frère Eugène.

Parce que son âme était pure et agréable à Dieu, le Seigneur l'a cueillie comme une fleur choisie. (Sagesse.)

Elle n'a vécu sur la terre que pour aimer et pour se faire aimer. (Saint Augustin.)

Bonne et douce, elle s'est dévouée au service des pauvres. (Saint Ambroise).

Par sa foi, sa piété, sa charité et ses autres vertus, elle a constamment édifié autour d'elle. (Lacordaire.)

Dieu seul a pu compter ses prières, ses larmes et ses œuvres de zèle. (Saint Augustin.)

Elle fut la joie des siens, et la mère des malades. (Saint Paul.)

Elle est morte, en laissant un exemple admirable de toutes les vertus. (Proverbes.)

Ses œuvres l'ont suivie, et elle a trouvé en Dieu le repos éternel. (Apocalypse.)

Bonne et fidèle servante, elle est entrée dans la joie du Seigneur. (Saint Luc.)

Tous ceux qui l'ont connue, l'ont aimée et la pleurent. (Saint Augustin.)

Nous qui l'avons tant aimée pendant sa vie, ne l'oublions pas après sa mort. (Saint Ambroise.)

Mon Jésus, miséricorde ! (100 jours d'indulgence.)

Miséricordieux Jésus, donnez-lui le repos éternel ! (7 ans et 7 quarantaines d'indulgence.)

Doux Cœur de Marie, soyez mon salut ! (300 jours d'indulgence.)

—✦✦:o:✦✦—

TÉMOIGNAGES ET HOMMAGES
A Mᵍʳ PAUL MALABAT

A Mgr Epivent, évêque d'Aire et de Dax.

Monseigneur,

« Je suis heureux de vous faire le plus parfait éloge de M. l'abbé Paul Malabat. Ayant eu avec cet excellent prêtre, pendant qu'il résidait à Brocas, au sein de sa chère famille, des rapports journaliers, je suis à même de rendre témoignage de son éducation distinguée, de son caractère charmant, de son instruction beaucoup plus qu'ordinaire et de son talent supérieur pour la prédication.

Sa vertu surtout m'est particulièrement connue ; et tout le monde ici la proclame éminente.

Ses antécédents, comme sa vie présente, en font un ecclésiastique du plus complet mérite. C'est vous dire, Monseigneur, que M. l'abbé Malabat est digne à tous égards de la confiance et de l'affection que vous lui accordez... »

ROUMÉGOUX,

Brocas, le 1ᵉʳ septembre 1860.　　　　　　Curé.

A M. l'abbé Paul Malabat.

Je veux vous remercier sans retard, mon cher ami, du plaisir et du bien que vous m'avez fait.

Votre sermon de l'Assomption nous a émerveillés. Vous avez un véritable talent pour la prédication ; et Dieu vous destine à de très grands succès. Parmi les prêtres,

comme parmi les fidèles, il n'y a qu'une voix pour faire
votre éloge.

Louez Dieu des qualités brillantes qu'il vous a départies,
et servez-vous-en pour sa gloire et le salut des âmes... »

MALLET,

Mont-de-Marsan, le 16 août.   Chanoine, archiprêtre, curé-doyen.

Bien cher ami,

Votre sermon a été admirable.

Vous possédez de grandes qualités oratoires. Montez
sans crainte dans les plus belles chaires. Votre parole
lumineuse et puissante fera partout du bien. En qualité
de votre ancien professeur de rhétorique, à Aire, je suis
heureux et fier de vous voir réussir.

Mon affection et mes applaudissements vous suivront
sur tous les théâtres de votre zèle et de votre piété...
Soyez un apôtre de Dieu et un grand sauveur d'âmes !...

PÉDEGERT,

Aire-sur-l'Adour.   Chanoine.

Mon bon ami,

L'hommage de votre délicieux livre a réveillé dans mon
cœur de bien doux souvenirs. Vous avez passé près de
moi vos plus jeunes et vos plus belles années. Au petit
séminaire, j'avais su apprécier toutes vos qualités. Et j'ai
retrouvé dans votre ouvrage l'intelligence et la piété
suave dont les précieux germes se développaient autrefois
sous mes yeux et sous ma direction. C'est avec bonheur
que je lis vos Secrets de bien vivre. Et si je vous ai fait
dans le temps quelque bien, vous m'en faites un très grand
aujourd'hui. Merci donc de tout cœur... Mais permettez-
moi aussi de vous complimenter de vos succès oratoires.
Les journaux m'ont appris qu'à Mont-de-Marsan et à

Saint-Jean-de-Luz, vous avez ravi vos innombrables auditeurs. Vous jouissez déjà d'une réputation qui m'honore,
et dont je vous félicite en père et en ami !...

DE CAPDEVILLE,

Aire-sur-l'Adour.   Chanoine, ancien supérieur du Petit Séminaire.

Mon très cher Père,

Je suis encore sous l'émotion de votre magnifique sermon.

Vous avez édifié et charmé tout le monde. Au presbytère, dans les maisons et jusque sur la plage, on ne parle
que de vous. Dans ma longue vie sacerdotale, j'ai rarement entendu un prédicateur qui m'ait fait autant de plaisir et autant de bien que vous. Je bénis Dieu de votre
passage ici, et je lui demande de vous accorder toujours
le même succès et le même triomphe. Charmer, édifier et
sauver : voilà votre mission...   CAZAUX,

Biarritz–Saint-Jean-de-Luz.   Chanoine, curé.

Très cher condisciple et ami,

Je te suis infiniment reconnaissant de ton aimable visite
et de ton admirable sermon. Grâce à toi, notre fête a eu
un éclat inaccoutumé. Je savais tes brillants succès ailleurs ; mais je m'applaudis de celui que tu as eu ici. Tu
as véritablement enchanté le pasteur et le troupeau.
Agrée donc mes félicitations et mes plus vives amitiés...   PEYROUX,

Cère, par Brocas.   Curé.

Cher Monsieur l'abbé,

Votre bonne sœur de l'Asile des Vieillards a déjà eu
l'obligeance de vous remercier de ma part de votre beau

sermon. Nous avons tous admiré votre talent. Vous avez
de très grandes qualités oratoires. Voilà pourquoi je viens
instamment vous prier de nous accorder, à Libourne, la
station du Carême prochain. Ne refusez pas de nous faire
du bien. Et, à l'avance, recevez l'expression de toute ma
gratitude. BEYTRAU,

Libourne. Chanoine, curé-archiprêtre.

Mon bien cher Père,

Votre Mission a été très fructueuse. Autant que nous,
vous avez dû être heureux de vos immenses auditoires.
Jamais nous n'avons eu, à Saint-Julien, d'aussi nombreuses communions. Je vous félicite de votre succès, et je
m'en réjouis pour la gloire de Dieu et le salut des âmes.
Au risque de blesser votre modestie, je veux rendre
hommage à vos grandes qualités oratoires. Dieu vous a
doué exceptionnellement. Et voilà pourquoi j'espère que
vous ferez partout le même bien qu'ici. Mes vœux vous
accompagnent, en attendant de vous entendre encore...

PLAILLY,

Tours (Indre-et-Loire). Chanoine, curé-doyen.

Mon cher Père, ·

Je vous félicite et je vous remercie de l'excellente retraite
que vous venez de prêcher aux chères sœurs de Saint-
Martin, du couvent de Bourgueil. J'ai été l'heureux témoin
du bien que vous leur avez fait. Vous obtenez partout,
dans le diocèse, un succès mérité. Dans un grand nombre
de paroisses de villes et de campagnes, vos éloquentes prédications ont ramené beaucoup d'âmes à Dieu. Daigne ce
même Dieu vous en récompenser ! Et agréez mes meilleurs compliments avec l'assurance de ma vive affection... BESNARD,

Tours (Indre-et-Loire). Vicaire général, chanoine.

Bien cher confrère,

Votre sermon de dimanche nous a tous édifiés et ravis. Après vous avoir entendu, comment n'aimerions-nous pas Dieu de tout notre esprit et de tout notre cœur? Je vous remercie en mon nom et au nom de ma chère paroisse. Nous n'oublierons pas de sitôt vos éloquents enseignements. Pour la plus grande gloire de Dieu et pour le salut des âmes, je vous souhaite de réussir partout comme à Olivet...

MÉTHIVIER,

Olivet-Orléans.

chanoine, curé.

Très honoré Père,

En mon nom, et de la part de Monseigneur, je suis heureux de vous complimenter et de vous remercier de votre piété, de votre beau talent et des succès obtenus dans vos différentes stations, à Orléans, à Saint-Marceau, à Beaune-la-Rolande, à Ferrières, et ailleurs. Travaillez toujours avec le même zèle, et faites partout le même bien que dans notre diocèse.....

BOUGAUD,

Orléans.   Chanoine, vicaire général, plus tard évêque de Laval.

Mon cher Ami,

Je suis encore sous l'heureuse impression de vos admirables sermons. Et toute ma paroisse partage mes sentiments. Je dois vous le dire et vous en remercier, vous avez fait un très grand bien à Méhun. Votre piété et vos touchants exemples nous ont profondément édifiés; et vos prédications nous ont émerveillés. Vous avez un talent qui vous permet de monter dans les premières chaires; et votre vertu est à la hauteur de votre zèle et de votre éloquence. Dieu vous a doté des plus brillantes qualités pour travailler avec fruit à sa gloire, au triomphe de l'Église et au salut des âmes.....

BLANCHET,

Méhun.   Chanoine, curé-doyen, plus tard évêque de Gap.

Très cher et vénéré Confrère,

Vous avez soulevé et entraîné la paroisse et la ville tout entière. Jamais on n'avait vu, dans notre église, d'aussi beaux auditoires. Vous avez obtenu un succès sans précédent. Et je me réjouis d'avoir contribué à vous faire venir à Bourges. Les confessions et les communions ont dépassé toutes les espérances. C'est un véritable triomphe. Et M. le doyen me charge de vous dire sa joie et sa reconnaissance. Dieu vous a donné un talent admirable. Vous séduisez et vous captivez tout le monde. Courage donc ! l'avenir est à vous ! Faites partout autant de bien qu'ici !.....   SABOURAIN,

Bourges.   1er Vicaire.

Mon bien cher et vénéré Confrère,

Professeurs et élèves sont enchantés de vous. Jamais retraite n'a été aussi bonne. C'est un véritable enthousiasme. C'est pourquoi je vous prie de revenir faire le même bien, à la première communion. Votre amabilité et vos fervents exemples nous ont séduits. Et votre parole incomparable nous a tous laissés dans le ravissement. Vous n'avez pas d'amis plus intimes et plus fidèles que nous.....   TARDIVAUX,

Lourdoueix-Saint-Michel, Pensionnat.   Chanoine, supérieur.

Mon très cher et vénéré Confrère,

La présence de votre jeune frère dans notre pensionnat doit rendre nos rapports encore plus étroits. Votre frère est impatient de vous voir, et nous de vous entendre. Revenez donc nous captiver sous le charme de votre éclatante éloquence. Mgr l'évêque de Tulle, qui nous arrive pour la distribution, désire faire votre connaissance et s'associer à notre admiration.....   TARDIVAUX,

Lourdoueix-Saint-Michel, Pensionnat.   Chanoine, supérieur.

Mon très cher Père,

Mon âge, mon expérience et surtout mon amitié m'autorisent à vous dire toute ma satisfaction. Vous avez une facilité vraiment extraordinaire. Votre parole est élégante et distinguée. Il y a de l'ordre et un fonds solide dans vos pensées. Vos tableaux sont saisissants. Votre exposition a de la vie et de la grâce. Votre voix est claire, sympathique et sonore. Vos gestes sont naturels, faciles et puissants. Je me borne à ces éloges que votre modestie bien connue me reprocherait de trop développer. Mais, en somme, je crois que le bon Dieu vous a admirablement doué pour la prédication, et pour faire un très grand bien. A vous de savoir en profiter pour le salut des âmes. Priez beaucoup, travaillez beaucoup, étudiez vos sermons, et Dieu bénira et fécondera votre saint ministère.

VANDEL,

Issoudun.   Missionnaire apostolique, à Notre-Dame du Sacré-Cœur.

A Mgr de La Tour d'Auvergne,
  Archevêque de Bourges,

Je suis heureux, Monseigneur, de recommander à votre bienveillance M. l'abbé Paul Malabat. Son talent oratoire est vraiment remarquable. C'est un prêtre éminemment bon, doux, affable, pieux, édifiant et zélé. Il s'acquittera, j'en suis sûr, avec succès de la station que vous lui confierez. Je l'aime sincèrement et je sais qu'il fait beaucoup de bien partout.....   J. CHEVALIER,

Issoudun.   Supérieur des Missionnaires.

Cher et vénéré Confrère,

Je vous ai toujours beaucoup estimé et aimé. Je suis accablé de travail et passablement paresseux pour écrire. C'en est assez pour expliquer, sinon pour excuser, mon retard à vous dire toute ma reconnaissance. Vos prédications dans mon église ont été très suivies et goûtées. Pour ma part, je vous ai toujours entendu avec le plus grand plaisir. Dieu vous a donné un talent remarquable. Employez-le, comme vous le faites, à sa gloire et au salut des âmes. De près, de loin, je vous regarderai toujours comme un de mes confrères les plus méritants et les plus affectionnés.....   MAUGENEST,

Issoudun.   Chanoine, curé-archiprêtre.

Mon bien cher Ami,

Vous avoir connu, c'est vous avoir aimé. Vous êtes le prêtre qui a fait le plus de bien à ma chère paroisse. Nous conservons tous le meilleur souvenir de vos admirables sermons. En attendant de vous revoir et de vous entendre avec le même fruit et le même bonheur, je vous prie de me croire votre ami le plus fidèle et le plus dévoué.....   BÉDU,

Châteauroux.   Chanoine, curé-doyen.

Bien cher Ami,

L'année dernière, à pareille époque, aux mêmes jours et aux mêmes heures, les foules se précipitaient nombreuses vers l'église Notre-Dame, avides et heureuses d'entendre vos suaves et solides conférences. Vous jouissiez de la joie de l'apôtre et du triomphe de l'orateur ; et moi j'étais fier et content de la foi et de l'empressement de mes paroissiens. Cette fois, je suis seul avec mes prêtres, n'ayant pas de prédicateur ; car, après vous, il faut tirer l'échelle. C'est avec satisfaction que j'apprends, par la voie de la Presse, vos succès à Paris. Mais j'espère qu'ils ne vous feront pas oublier ceux que vous avez eus à Châteauroux, ni le curé de province qui vous a tant admiré et aimé ! J'ai su vous apprécier ; et je me souvien-

drai toute ma vie de vos qualités et de votre talent. Revenez, en temps et lieu, prêcher à Notre-Dame ; et comptez
toujours sur ma reconnaissance et ma vive amitié.....

Châteauroux.

BÉDU,

Chanoine, curé-doyen.

Mon cher Ami,

Je ne suis pas encore à Vierzon. Je ne dois prendre
possession qu'à la fin de ce mois. Je vous y attends pour
une fructueuse et brillante mission. Votre station à Notre-
Dame a eu d'admirables résultats. Vous avez constaté
vous-même l'empressement de la ville tout entière à venir
vous entendre et l'intérêt et le plaisir avec lesquels vous
suivait votre immense auditoire. Pour preuve de ma satisfaction *sub omni respectu*, je vous prie instamment de
venir à Vierzon évangéliser ma nouvelle paroisse...:.

Châteauroux.

BÉDU

Chanoine, curé-doyen.

Cher et vénéré Confrère,

Votre retraite du Sacré-Cœur et vos autres prédications
dans mon église ont produit un très grand bien. Vos instructions pieuses et éloquentes ont ramené beaucoup
d'âmes à la foi et à la pratique de leurs devoirs. Je vous
en exprime toute ma satisfaction et ma plus vive reconnaissance ; fidèles et prêtres n'oublieront jamais l'édification que vous leur avez donnée.....　　ROSSIGNOL,

Lapalisse.

Chanoine, curé, archiprêtre.

Cher et honoré Confrère,

Votre piété, votre zèle et votre talent sont au-dessus de
tout éloge. Je n'ai pas oublié, non plus que les habitants
de Paray, les éloquentes prédications de vos deux stations

de Carême. Et j'espère que vous avez, de votre côté, conservé bon souvenir de notre population, qui doit tant à votre dévouement ! Si votre ministère a eu, dans notre ville, un succès si marqué, vous ne l'avez pas obtenu sans de grandes fatigues. Avant ni après vous, je n'ai jamais connu de prédicateur s'établissant au confessionnal, pendant de longues heures, en descendant de chaire, et y retournant le lendemain matin dès l'ouverture de l'église. Voilà pourquoi je suis heureux de rendre hommage à votre grand mérite. Et je désire que ce témoignage de ma très vive reconnaissance vous rappelle quelquefois ma paroisse, que je recommande à vos bonnes prières.

D'ALAIS,

Paray-le-Monial.   Chanoine, archiprêtre, curé-doyen.

Très cher et très vénéré Confrère,

Nous sommes encore sous l'heureuse et salutaire impression de vos suaves et éloquentes instructions. Votre retraite a été admirable. Vous nous avez fait un bien qui durera longtemps. Monseigneur m'a chargé de vous dire sa joie et son contentement. Moi-même je vous remercie, non pas selon votre mérite, mais du moins de tout cœur. Vous êtes un apôtre, doublé d'un orateur. Que Dieu vous accompagne et vous accorde de faire partout autant de bien qu'ici...

DE MEYDA,

Clermont-Ferrand.   Chanoine, secrétaire de l'Évêché.

Mon très cher et honoré Confrère,

Vos prédications à Saint-Pothin ont eu le plus consolant succès. A votre âge et avec votre talent, vous êtes appelé aux plus beaux résultats. La grâce de Dieu aidant, vous produirez partout le même bien que dans ma chère

11.

paroisse. Dans ma reconnaissance et dans mon affection, je fais les meilleurs vœux pour vous, en attendant de vous avoir encore.

PUPIER,
Chanoine, curé-doyen.

Lyon.

Mon cher Confrère,

Je viens faire appel à votre zèle et à votre talent, pour nous prêcher le beau mois de Marie. Daignez accepter ma pressante invitation, et accordez-moi, ainsi qu'à ma paroisse, la joie et l'édification de vous entendre...

DEGUERRY,
Chanoine, curé de Sainte-Madeleine.

Paris.

Mon cher Confrère,

Vos éloquentes prédications nous font de plus en plus aimer Dieu et honorer Marie. Je vous loue et je vous remercie du bien que vous nous faites. Vous avez tous les dons et toutes les qualités des plus grands orateurs. Mettez le comble à votre bienveillance pour nous, en nous prêchant encore la fête de l'Ascension. Merci, à l'avance ; et agréez mes meilleurs compliments...

DEGUERRY,
Chanoine, curé de Sainte-Madeleine.

Paris.

Mon cher Confrère,

Après tous vos succès chez nous, et malgré vos travaux actuels à Saint-Augustin, nous désirons tous vous revoir et vous entendre, jeudi, pour la Passion. Vous ne nous refuserez pas, je l'espère, cette consolation. Nous comptons donc sur vous, en vous félicitant de votre triomphe dans l'église voisine, où on admire, comme à Sainte-Madeleine, votre magnifique talent, et où vous faites autant

de bien que vous nous en avez fait, il y a près de deux
ans...   DEGUERRY,
    Paris.   Chanoine, curé de Sainte-Madeleine.

Mon cher et honoré Confrère,

Le plaisir et l'édification que vous nous avez fait goûter,
en prêchant Saint-Furcy, nous donne le désir de vous
entendre encore. Prêtres et fidèles, à Péronne, sont enchantés de vous. Vous justifiez à merveille votre réputation ;
et je rends volontiers hommage à votre beau talent. Je
vous prie donc de nous en faire jouir une seconde fois,
et d'accepter de nous prêcher notre fête d'Adoration.
Grand merci, à l'avance...   LEROY,
    Péronne.   Chanoine, archiprêtre, curé-doyen.

Mon cher et honoré Confrère,

C'est avec un grand plaisir que j'apprends que vous
viendrez prêcher notre fête d'Adoration, le 30 de ce mois.
Je vous promets beaucoup de monde. L'église sera pleine
à la messe et aux vêpres, pour entendre un de vos plus éloquents et séduisants discours. A bientôt donc ; et croyez-
moi votre très affectionné et dévoué confrère...

                        LEROY,
    Péronne.   Chanoine, archiprêtre, curé-doyen.

Cher Confrère et Ami,

Votre première station de Carême, à Albert, a fait un
très grand bien. Vous avez pu le constater vous-même
par l'empressement qu'on mettait à venir vous entendre.
A chacun de vos admirables sermons, l'église était littéralement comble. Rarement prédicateur a remué les âmes
comme vous. Dieu vous a donné des aptitudes et des qua-

lités vraiment exceptionnelles. Et tous mes paroissiens
gardent de votre talent et de votre vertu un souvenir profond. Aussi, en leur annonçant, ce matin, au prône, que
vous avez accepté de nous prêcher encore le Carême prochain, j'ai mis tous les cœurs en émoi. Quand on a eu le
bonheur de vous entendre, on désire la joie et l'édification
de vous entendre encore. Soyez donc assuré d'un nouveau,
et s'il est possible, plus éclatant succès. En attendant, je
suis tout à vous, avec la plus profonde reconnaissance et
la plus vive et fidèle amitié...   FRIANT,
     Albert.   Chanoine, curé-doyen.

Bien cher et vénéré Confrère,

Permettez-moi de venir vous renouveler tous mes remerciements, et mon invitation. Mes remerciements pour
la délicieuse improvisation que vous avez bien voulu der-
nièrement adresser à mon peuple, et mon invitation pour
le dimanche, 4 août, jour de l'Adoration. Le plaisir que
nous avons éprouvé à vous entendre une première fois,
nous fait désirer vivement de vous entendre encore. Vous
nous avez tous charmés, l'autre jour. Je ne suis pas surpris des éclatants succès que vous obtenez à Amiens ; et
je suis vraiment jaloux de vous les faire conquérir aussi
complets à Roye. J'ose donc compter sur vous ; et, à
l'avance, je me sens très heureux du bien que vous ferez
à mes chers paroissiens...   DECROIX,
     Roye.   Chanoine, curé-doyen.

Bien cher et vénéré Confrère,

Je suis profondément touché du service que vous m'avez
rendu. Merci donc pour moi et merci pour mes paroissiens ! Vous avez fait plus que vous concilier nos sympathies, nos suffrages et notre admiration ; vous avez

produit un bien très sensible et réel dans nos âmes. J'ai rencontré rarement un ensemble aussi complet d'aptitudes et de qualités oratoires. Et je ne parle pas de cette aménité, de ces attentions et de cette délicatesse qui rendent votre intimité si charmante. Je l'ajoute avec bonheur, j'ai parlé de vous à Monseigneur, et j'ai été extrêmement heureux de constater que Sa Grandeur sait apprécier vos mérites...

DECROIX,
Chanoine, curé-doyen.

Roye.

Bien cher et vénéré Confrère,

Je vous accompagne de tous mes vœux dans votre belle paroisse d'Escarbotin. Je ne doute pas que Dieu n'y bénisse votre saint ministère. Vous avez tout ce qu'il faut pour faire un très grand bien. Piété, zèle, talent, la Providence vous a tout donné avec surabondance. Confiance donc ! Et si Amiens vous regrette et vous pleure, Escarbotin doit être heureux et fier d'avoir un curé tel que vous ! Il suffira à vos paroissiens de vous voir et de vous entendre pour être subjugués et ravis ! C'est à eux que j'adresse mes meilleurs compliments, et à vous toutes mes amitiés...

DECROIX,
Chanoine, curé-doyen.

Roye.

Très honoré et très vénéré Père,

Nous avons conservé un si bon souvenir de votre aimable charité, et du magnifique et si touchant sermon que vous avez eu la bonté de nous adresser pour la fête de notre bienheureuse mère, Sainte Colette, que nous serions bien heureuses et bien reconnaissantes si vous pouviez nous faire l'honneur et le plaisir de venir nous prêcher la Passion, le Mardi Saint, à 4 heures. Vous ajouteriez encore par là à notre gratitude ; et vous nous procureriez

une grande et très douce consolation. En retour, nous offrirons, pour vous et à vos intentions, nos plus ferventes prières au Cœur de Jésus-Christ, afin qu'il bénisse et féconde de plus en plus votre saint ministère, et vos prédications si pieuses, si éloquentes et si pleines de charme...

SŒUR MARIE DE JÉSUS,
Abbesse.

Amiens, Couvent des Clarisses.

Très honoré et très vénéré Père,

Nous n'essayerons pas de vous exprimer tout le bonheur et la pieuse consolation que nous a fait éprouver votre admirable sermon de mardi dernier, sur la Passion de Notre-Seigneur Jésus-Christ. Vous nous avez fait compatir d'une manière bien touchante aux souffrances de notre Divin Sauveur, et vous avez rempli et embrasé nos cœurs du plus ardent amour de Dieu. On vous voyait vous-même si pénétré de ce touchant sujet, que vous avez traité avec tant de grâce, d'éloquence et d'émotion, qu'il était impossible que tout votre auditoire n'en fût pas vivement attendri. Nous sommes encore, et nous voulons rester sous l'émotion de votre parole si enflammée, si pénétrante et si suave. Merci donc mille fois ! Et soyez assuré que nous ne cesserons, pour vous témoigner notre reconnaissance, de prier Dieu pour vous. Daigne le Ciel vous bénir du grand bien que vous nous avez fait, et continuer de vous accorder, en notre chère ville, les plus amples succès !...

SŒUR MARIE DE JÉSUS,
Abbesse.

Amiens, Couvent des Clarisses.

Très honoré et très vénéré Père,

Nous aimons tant et nous goûtons si bien vos magnifiques instructions, que nous serions extrêmement heureuses et reconnaissantes, si vous pouviez encore nous

accorder la faveur de nous prêcher la fête de notre sainte
Mère. C'est souvent vous demander. Mais votre charité
et votre bienveillance envers nous nous laissent espérer
que vous ne nous refuserez pas le bonheur et l'édification
de vous entendre encore. Dieu vous a donné un admirable talent pour la prédication, et nous le remercions de
nous en faire souvent jouir. Sous les accents de votre
éloquente parole, nos âmes et nos cœurs se .sentent plus
à Dieu ! Venez donc, nous vous en prions, nous exciter à
l'imitation des vertus héroïques de notre sainte Fondatrice ;
et, à l'avance, veuillez agréer notre plus pieuse et vive
gratitude...　　　　　　　　SŒUR DE BEAUREPAIRE,

Amiens, Couvent de la Visitation.　　　Supérieure.

Très honoré et vénéré Père,

Votre éloquence nous a toutes charmées et embrasées
du plus ardent amour envers Notre-Seigneur. Chaque fois
que nous avons eu le bonheur de vous entendre, nous nous
sommes senties plus désireuses d'appartenir à Dieu. Chaque fois, vous nous avez ravies et emportées vers les choses célestes. Mais le jour de notre Adoration, nous n'étions
plus sur la terre ! Ah ! daigne le Cœur de Jésus-Christ
vous bénir et vous récompenser de votre zèle et du bien
que vous nous avez fait ! Jamais nous n'oublierons vos
pieuses et magnifiques instructions ; et nous sommes heureuses de vous en remercier, en priant Dieu avec ferveur
pour vous...　　　　　　　　SŒUR SAINTE-URSULE,

Amiens, Couvent des Ursulines.　　　Supérieure.

Très honoré et vénéré Père,

Notre Révérende Mère me charge de vous offrir tous
ses remerciements et ceux de la communauté. Plus on
vous entend, plus on désire vous entendre. Vos admira-

bles sermons de l'Adoration et de la fête du Sacré-Cœur
nous sont encore présents. Émues et ravies, nous en
avons conçu une volonté ardente et généreuse de devenir
des saintes. Mais aujourd'hui, ce n'est plus pour nous
seules que nous faisons appel à votre zèle et à votre éloquence, c'est pour nos anciennes élèves. Accordez-nous de
leur prêcher la retraite annuelle, à la Toussaint. Vous
leur ferez un très grand bien, nous en sommes certaines.
Ne nous refusez pas cette faveur, qui sera pour nous et
pour nos chères anciennes élèves une joie et une édification. Dans cet espoir, nous vous promettons de bien prier
pour vous...   Sœur Sainte-Pauline de Jésus,
        Amiens,   Maîtresse générale.
    Couvent de Louvencourt.

Bien cher Confrère,

Comment vous remercier dignement de votre beau sermon de la Pentecôte ! J'ai toujours un très grand plaisir à
vous entendre ; et je sais que mes paroissiens ont tous été
émerveillés. Il y a mieux que de l'admiration, il y a une
profonde et salutaire impression dans les âmes. J'applaudis sincèrement à votre remarquable talent ; et, pour ne
pas le laisser improductif, je viens vous prier instamment
de nous prêcher, avec la même piété et la même éloquence,
la fête de l'Adoration. J'ose compter sur votre dévouement...   De Guillebon,
        Amiens.   Chanoine, curé de Saint-Martin.

Mon cher ami,

Je veux vous dire sans retard toute ma satisfaction.
Votre station de l'Avent, à la cathédrale, a été brillante
et fructueuse. Vous avez déployé de très grandes qualités

oratoires. Votre voix est puissante, claire et très sympathique. Vos gestes sont naturels, amples et justes. Et vos sujets sont traités de main de maitre. Je vous en félicite. Aussi, vous avez toujours vu notre splendide et immense cathédrale déborder d'assistance. Et votre auditoire, si vaste et si profond, a été constamment ravi et édifié. C'est vous dire que vos sermons ont été très goûtés et ont fait un grand bien. C'est l'intérêt que je vous porte qui me fait vous parler avec cette franchise...   PETIT,

Amiens.   Chanoine titulaire, vicaire général.

Bien cher Confrère,

Après le succès que vous venez d'avoir dans la chaire de notre cathédrale, Monseigneur me charge de vous en adresser ses meilleurs compliments et de vous retenir pour la station du carême prochain. Acceptez avec empressement, car je suis sûr que votre zèle et votre beau talent suffiront amplement à cette nouvelle mission. Je vous félicite, moi aussi, de votre complète réussite et du grand bien que vous avez produit. Dieu vous a admirablement doué pour la prédication ; et je m'en réjouis dans l'intérêt des âmes.....   DUCLERCQ,

Amiens, évêché.   Chanoine titulaire, vicaire général,
                                                Secrétaire général de l'évêché.

Bien cher Confrère,

Je regrette votre départ d'Amiens. Vous faisiez ici beaucoup de bien. Vos prédications y étaient très goûtées. Mais Dieu vous appelle sur un plus grand théâtre. Dans la petite ville d'Escarbotin, votre zèle si connu et votre talent si apprécié trouveront à s'exercer d'une manière, sinon plus fructueuse, du moins plus incessante. Allez donc, vaillant soldat du Christ, combattre le bon combat, multiplier vos succès et accroître vos mérites ! Mes vœux et mon affection vous accompagnent de tout cœur.....

DUCLERCQ,
Chanoine titulaire, vicaire général,
Secrétaire général de l'évêché.

Amiens, évêché,

Cher Ami,

Votre bonne lettre m'a été au cœur. Je veux vous en remercier sans retard et vous dire que je n'oublie pas nos amicales relations. Je vous ai toujours estimé et aimé. Et j'ai su, n'en doutez pas, apprécier votre piété, votre talent et votre zèle. Quoique éloigné, je vous reste tout dévoué et tout affectionné..... FALLIÈRES,

Bordeaux, archevêché.

Vicaire général,
Chanoine, ancien vicaire général d'Amiens,
et actuellement évêque de Saint-Brieuc.

Mon bien cher Ami,

Vous avez réalisé toutes mes espérances. Il m'est si agréable d'échanger avec vous quelques mots d'amitié. En lisant le journal, j'apprends vos succès, qui ne m'étonnent pas. Votre piété, votre zèle et votre grand talent pour la prédication doivent vous faire réussir. J'applaudis des deux mains à vos brillants triomphes ; et c'est de tout cœur que je fais les meilleurs vœux pour vous.....

Jules BONHOMME,
Chanoine, curé de Saint-Jean-Baptiste
de Grenelle.

Paris.

Mon cher Ami,

Le Ministre des Cultes, justement renseigné sur vos qualités et vos nombreux mérites, se dispose, me dit-on, à vous nommer évêque. Cette nouvelle m'a comblé de bonheur.

Vous êtes depuis longtemps digne de cette haute distinction. Et l'Église n'a qu'à gagner à vous voir entrer dans les rangs de ses pontifes. Eh bien, en attendant que vous m'éclairiez là-dessus, vive Monseigneur ! avec mes plus sincères et fidèles amitiés..... Jules BONHOMME,

Paris.   Chanoine, curé de Saint-Jean-Baptiste de Grenelle.

Mon cher Ami,

Je suis vraiment touché, plus que je ne puis le dire, de votre gracieuse invitation. Vous revoir, après tant d'années écoulées, me serait assurément très doux. Aussitôt que je me trouverai libre, ce sera de bon cœur et avec reconnaissance que j'irai à vous. En attendant, permettez-moi de vous féliciter de vos succès oratoires et du bien que vous faites. Je connais tous vos mérites ; et je suis heureux de vous offrir l'assurance de ma vieille affection et de tout mon dévouement.

Levallois-Perret.   † Clément SOULÉ,

ancien évêque de la Réunion, Chanoine-évêque de Saint-Denis

Mon cher Ami,

Tu n'as pas besoin de déployer ton éloquence, pour m'attirer à toi. Je te viendrai aussitôt que possible. Mais toi, tu ne viens donc jamais à Paris. Il m'a été cependant annoncé que le Ministre des Cultes t'avait mandé pour te nommer évêque. Qu'en est-il ? Dis-moi la vérité. Je fais les meilleurs vœux pour qu'il en soit ainsi. Tu as tout ce qu'il faut pour faire un de nos plus saints et plus brillants pontifes.....   † B. GASSIAT,

Versailles, Carrières-St-Denis.   Curé,
                              Protonotaire apostolique.

Mon cher Ami,

Qu'as-tu besoin de moi, pour prêcher à tes fidèles ? N'es-tu pas l'apôtre plein de zèle et l'orateur par excellence ? Tu as laissé à Amiens des souvenirs ineffaçables. On parle encore de ton sermon de la Toussaint et de tes brillantes stations à la cathédrale et dans les autres églises de la ville. A mon tour, je te félicite donc de tes succès. Et je suis aise de te dire que Mgr Jacquenet t'a en très haute estime et en grande amitié. Si le Nonce le consulte sur ton compte, tu peux être certain qu'il te sera favorable. Te voilà donc en bonne voie ; et j'en suis très heureux.....

✝ B. GASSIAT,
Curé,
Protonotaire apostolique.

Versailles, Carrières-St-Denis.

Mon bien cher Seigneur,

Vous êtes toujours ardent, zélé, aimable et dévoué. Tandis que je suis tout changé et meurtri par mes courses lointaines. Je serai très heureux d'assister à votre adoration avec notre ami, Mgr Gassiat ; mais sans pontifier. Donc, s'il plait à Dieu, à bientôt ! A bientôt, pour vous féliciter du grand bien que vous faites et pour constater de plus près vos éclatants mérites. Votre évêque m'a parlé de vous avec éloges, et m'a même annoncé qu'il est question de vous donner crosse et mitre avant peu. Si cela est, j'en remercie le Seigneur, pour le bien de l'Eglise et le salut des âmes. En attendant, croyez à ma vieille et intime amitié.....

✝ J. H. THOMAS,
Archevêque d'Andrinople.

Paris, maison de la Mission.

Mon bien cher Seigneur,

Je suis maintenant fixé sur l'emploi de mon temps.

Aussitôt que possible, je vous arriverai, en compagnie de Mgr Gassiat. Que de choses nous avons à nous dire, depuis le séminaire d'Aire jusqu'à l'heure présente. Cette année, je donne mon coup de feu à Troyes. Plus d'un mois de tournée. Je vous félicite d'avoir refusé les honneurs. Assurément, vous êtes digne d'être évêque ; mais vous aurez plus de paix, moins d'ennuis dans votre belle cure. Il me tarde de vous revoir et de vous dire mon étroite amitié....   ‡ J. H. THOMAS,

Paris, maison de la Mission.   Archevêque d'Andrinople.

Mon cher Abbé,

Vous avez donné, mardi, à l'évêché, une admirable conférence. Mais votre magnifique sermon d'hier, à la cathédrale, pour la fête de tous les Saints, m'a vraiment comblé de joie. Je vous en félicite ; et je suis heureux de vous dire que je vous ouvre de plus en plus mes bras et mon cœur.   † J. BOUDINET,

Évêché d'Amiens.   Évêque d'Amiens.

Monseigneur,

Je suis très touché et très reconnaissant des sentiments que vous m'exprimez et des prières que vous avez la bonté d'adresser à Dieu à mon intention. De mon côté, je prie, tous les jours, surtout à la sainte Messe, pour mes futurs diocésains, et, en particulier, pour vous. Je vous remercie tout spécialement de l'ouvrage que vous avez eu l'attention de m'offrir. Je l'ai parcouru, et j'en suis très satisfait et très édifié. Agréez donc, Monseigneur, toutes mes félicitations et l'assurance de mes sentiments affectueux en N.-S.....   † J.-B. M. S. JACQUENET,

Évêché de Gap.   Évêque élu d'Amiens.

Monseigneur,

Soyez persuadé que je répondrai toujours à votre dévouement filial par mon entier dévouement paternel. Votre piété, votre zèle et votre talent me sont parfaitement connus. Je sais aussi le lien particulier qui vous unit au Saint-Père. Pour ce motif, et surtout pour vos qualités et vos mérites que j'apprécie, j'ai été heureux de vous recommander à la Nonciature et au ministère des Cultes, voulant vous prouver ainsi ma sincère affection en N.-S.

                                ✝ J.-B. M. S. JACQUENET,

Évêché d'Amiens.   Évêque d'Amiens.

Monseigneur,

Dans le deuil qui vous accable, et auquel je prends une bien-large part, je vous présente mes plus sincères compliments de condoléances, ainsi qu'à toute votre honorable famille. Et, à cette occasion, je suis heureux de vous renouveler l'assurance de toute mon estime et de mon affection en N.-S.

                                ✝ J.-B. M. S. JACQUENET,

Évêché d'Amiens.   Évêque d'Amiens.

Mon cher Seigneur,

Je suis heureux de pouvoir vous annoncer que je vous ai proposé pour l'épiscopat. J'ai la douce confiance que Sa Grandeur Monseigneur le Nonce et M. le Ministre des Cultes reconnaîtront, comme moi, vos qualités et vos mérites, et vous en attribueront la juste récompense. Je fais les meilleurs vœux pour vous, et je vous assure, mon bien cher curé, de mes sentiments les plus affectueux et les plus dévoués en N.-S.

                                ✝ F. R. RENOU,

Évêché d'Amiens.   Évêque d'Amiens.

Archevêché de Tours.

Mon cher Seigneur,

Je vous remercie de vos vœux, et vous prie d'agréer
les miens, qui sont aussi sincères. Soyez assuré de mon
affectueux dévouement. De loin, comme de près, je vous
reste attaché ; et ma bienveillance pour vous ne s'est
jamais démentie et ne se démentira pas...Comptez toujours
sur mes meilleurs sentiments... ✝ R.-F, Archevêque de Tours.

—✦✦•:o:•✦✦—

Lorsque le passager, au terme du voyage,
Sûr de fouler enfin le sable du rivage,
Jette un regard d'adieu sur l'immense Océan,
Sa main presse la main du pilote intrépide,
Qui sut braver, pour lui, le courroux homicide
       Des vagues et de l'ouragan.

Nous aussi, chers Amis, nous allons prendre terre.
Notre nacelle, enfin, de sa course prospère
Va suspendre bientôt le généreux essor.
Elle a bien pu des flots deviner la furie,
Peut-être elle sombrait ; mais une main chérie
       A su la diriger au port.

La science elle-même a parfois ses tempêtes.
Souvent, n'est-il pas vrai ? nous voyons sur nos têtes
Le ciel tout noir d'ennuis, qui nous serrent le cœur :
Qu'un bienveillant ami souffle sur ce nuage,
Aussitôt nous voyons se dissiper l'orage,
       Et nous retrouvons notre ardeur.

Cet ami généreux, dont la sollicitude
Savait nous alléger le fardeau de l'étude,
Frères, encore un jour, il faudra le quitter !
Oh ! du moins, disons-lui qu'à son amour fidèles,
Nos cœurs au souvenir ne seront pas rebelles,
       Et qu'ils sauront le regretter !

Et puis, si, quelque jour, sur la rive lointaine,
Trop tôt pour ses amis, la voix de Dieu l'entraîne,
Qu'il sache que toujours nous saurons le chérir !
Qu'il sache que nos cœurs, privés de sa présence,
Lui garderont toujours, dans leur reconnaissance,
    Une prière, un souvenir !

Grand Séminaire, le 29 juin 1860.

Les élèves de Philosophie :

LEFÉBURE — VAROQUEAUX — JOLY — LEROUX — LABBÉ BONTEMS — GEISPITZ — DEBACQ — DRUZA — VIOLETTE — BERLANCOURT — POGNART — D'OLBREUSE.

O brillant orateur, que j'aime à vous entendre !
Quand, embrasé de foi, vous nous parlez des Cieux !
A vos nobles accents qu'il est doux de se rendre !
Vous transportez les cœurs au séjour radieux !

Vous savez exprimer le langage de l'âme,
Vous savez adoucir, consoler les douleurs !
Le cœur, à votre voix, du feu divin s'enflamme.
Ah ! parlez-nous du ciel, dévoilez ses splendeurs !

Montrez-nous l'Éternel, et le Christ, et Marie,
Les chœurs mélodieux, les Anges, les Élus.
Parlez-nous des douceurs de la Sainte Patrie !
Que désormais en nous ne vive que Jésus !

Ah ! vous savez donner à tous une parole.
Vous relevez le faible, encouragez le fort.
Et vous faites briller la divine auréole,
Qui attend les Élus dans le céleste Port !

Courage, dites-vous, pauvre âme désolée !
Hélas ! il en est tant, sur le bord du chemin !
Viens aux pieds de Jésus : tu seras consolée !
Pour achever ta route, viens recevoir sa main.

Tu souffres, je le sais, dans ton pèlerinage !
Bien loin se sont enfuis tes rêves de bonheur !
Pauvre plante flétrie, après les jours d'orage,
Tu peux revivre encore au nom de ton Sauveur !

Ah ! redoute Satan, son enfer et ses flammes,
Ses pièges séducteurs, son crime, son orgueil.
Il se plaît à nous perdre, à surprendre nos âmes,
En recouvrant de fleurs la tempête et l'écueil.

Oui, je le sais, ma Sœur, la route est difficile,
Tes pieds sont déchirés, tu te sens défaillir,
Mais regarde Jésus : tout te sera facile !
A la source de vie, oh ! viens te rafraîchir !

Car c'est le doux Jésus de la Samaritaine,
C'est celui de Naïm, celui des Oliviers,
Celui qui releva la belle Madeleine :
Viens à ses pieds bénis, couvre-les de baisers !

C'est le Pasteur cherchant sa brebis égarée.
Il va dans le désert, il l'appelle en tout lieu.
Ah ! quel est son bonheur, quand enfin attirée,
Elle accourt à sa voix et reconnait son Dieu !

C'est le même Jésus, suivi des saintes femmes,
De ce peuple accouru sur ses pas triomphants !
C'est Celui qui mourut pour racheter les âmes !
Celui qui bénissait tous les petits enfants !

Oui, c'est le doux Jésus, qui guérit, qui console.
Son cœur brûle pour nous d'un amour infini.
Sans cesse, méditons sa sublime parole !
Demandons son amour ! Chantons son Nom béni !

Amour de mon Jésus, qui pourrait vous décrire ?
Mères, comprenez-moi, vous qui savez aimer !
C'est le céleste feu qui brûle, embrase, attire,
Le plus beau sentiment qui nous puisse animer !

Aime ce Dieu d'amour, aime ce Dieu de vie !
Il demande ton cœur : pourrais-tu refuser ?
Viens à ses saints Autels ! à ton Dieu sois unie !
Il t'appelle, il t'attend pour te récompenser !

Vois les Anges des Cieux te tressant ta couronne !
Ils te marquent ta place au divin paradis.
Encore quelques pas, la grâce t'environne,
Les Cieux s'entr'ouvriront à tes regards ravis !

Tu contempleras Dieu, rayonnant de lumière,
Et la Reine des Cieux dans toute sa beauté.
Tu pourras à ses pieds murmurer ta prière,
Et sur toi tomberont ses trésors de bonté !

C'est la Mère de Dieu, la Vierge immaculée.
Nous sommes ses enfants ; elle entend nos soupirs.
C'est la porte du Ciel, le lis de la vallée.
Que la servir, l'aimer, soient nos plus chers désirs !

Ah ! qu'en ce jour surtout vers la Reine des Anges,
Montent nos cœurs, nos vœux, notre encens, notre
Exaltons ses bienfaits et chantons ses louanges ! [amour !
C'est notre tendre Mère au céleste séjour !

Mère ! mot ravissant. Mère ! mot ineffable !
Qui peut vous prononcer et ne pas s'attendrir ?
Et vous êtes ma mère ! ô Vierge incomparable !
O Mère, en ce beau jour, daignez tous nous bénir !

Et Vous, soyez béni ! qui nous dites : courage !
Apôtre de la foi, vous relevez les cœurs !
Oui, des Élus du Ciel vous parlez le langage !
Ah ! puisse Dieu toujours vous combler de faveurs !

Souvenir de la Retraite prêchée aux Dames et Demoiselles de la ville de Tours, dans l'église de Saint-Julien.
Et daignez agréer, cher Monsieur, ce faible hommage

d'une personne qui a eu le bonheur d'entendre vos magnifiques sermons, et lui pardonner de les avoir si mal résumés.

—◆}•:o:•}◆—

D'après les nouvelles qui nous sont plusieurs fois parvenues sur les travaux apostoliques de Mgr Paul Malabat, nous pouvons dire qu'il est infatigable. Ses missions, ses retraites, ses sermons de circonstance et ses stations se succèdent sans intervalle. Il court d'une ville à une autre et prêche, avec un éclatant succès, tantôt aux élèves d'un collège, tantôt aux religieuses, tantôt aux dames, aux conférences d'hommes, et aux grands auditoires de nos principales cités. Ses stations d'Avent et de Carême sont retenues trois ou quatre ans d'avance. C'est avec le plus vif intérêt que nous suivons les triomphes oratoires de notre jeune, mais déjà célèbre compatriote. Et nous apprenons avec joie qu'un apôtre des Landes enthousiasme partout les foules et se fait pour ainsi dire un nom parmi les plus brillants prédicateurs...   Victor DELAROY,
    Mont-de-Marsan.   Directeur du *Journal des Landes*.

A son deuxième sermon, M. l'abbé Paul Malabat a pu déjà comprendre combien sa parole et ses enseignements sont sympathiques aux habitants de notre chère ville. Car, autour de sa chaire, dans l'église de Saint-Julien, il a réuni un auditoire immense et attentif. L'éloquent missionnaire présente la religion par les côtés les plus harmoniques à l'âme et qui correspondent à merveille aux aspirations les plus sublimes du cœur. Il possède un ensemble de qualités oratoires, qui expliquent le succès qu'il obtient dans toutes les grandes villes. Tout nous autorise à prédire que ses conférences ne seront ici ni moins suivies ni moins fructueuses. Les dames assistent à toutes les réunions en nombre incalculable, et les hommes y accourent en foule. Les discours de M. l'abbé Paul Malabat ont un caractère à part et un intérêt d'actualité qui provoque et soutient l'attention de tous les auditeurs. Et sa parole éminemment sympathique, pleine d'élévation et d'élan, est merveilleusement douée pour les grandes questions. A la fois théologien, philosophe, historien, orateur, il développe la doctrine chrétienne avec un talent remarquable. Dans sa défense de l'Église et de l'Évangile, il fait resplendir les magnificences du dogme catholique. Il a pour les luttes et les gloires de la chaire une vocation spéciale et une expérience précoce. On voit qu'il a suivi le mouvement des esprits à notre époque, et qu'il connait les passions et les controverses qui agitent si violemment la société présente. Aussi, a-t-il adopté un genre exceptionnel, et qui convient surtout aux auditoires d'élite. Il éclaire, il charme, il enflamme et passionne...

(Le Messager d'Indre-et-Loire.)

Tours.

Nous continuons d'apprendre avec bonheur et de publier avec empressement les éclatants succès de M. l'abbé Paul Malabat. Au reste, nous savons que ces nouvelles plaisent à nos lecteurs. Quelques-uns connaissent personnellement le jeune missionnaire et lui portent pour ses aimables qualités et son très grand talent une affection profonde. Mais tous, dans notre ville et dans le diocèse lisent avec le plus vif intérêt les faits et gestes de cet orateur d'avenir...   *(Le Journal du Loiret.)*

Orléans.

La station de l'Avent a été ouverte, dimanche dernier dans notre église de Notre-Dame, avec un très grand éclat, par M. l'abbé Paul Malabat. D'une taille élevée, ce

brillant missionnaire conserve, dans la chaire surtout,
malgré les années qui le rapprochent de la maturité, les
traits d'un jeune prêtre. Sa physionomie noble et douce
s'anime promptement. Sa voix pure et sympathique possède une grande étendue. Et ses accents, pleins de conviction et de véhémence, deviennent très souvent onctueux.
Son style est imagé, correct et inspiré. Aussi, dès ses
premiers mots, les auditeurs de Notre-Dame ont reconnu
en lui un éloquent et puissant orateur. Il a une manière
d'envisager ses sujets et de les diviser qui est vaste et
saisissante. Il s'adresse beaucoup à la raison, mais encore
plus au cœur. Et sa prédication semble découler tout à la
fois des grandes doctrines de Bossuet et des suaves sentiments de saint François de Sales. Missionnaire de la
foi catholique, il ne dédaigne pas de descendre et de
combattre sur ce terrain de la raison que l'Église connait
mieux que personne et qu'elle explore avec le génie de
ses docteurs, depuis dix-huit siècles. Dans le premier
sermon, qui a été magnifique, nous avons admiré, à côté de
la science et du zèle de l'apôtre, les regards du philosophe
qui plonge dans les profondeurs du dogme catholique, et
l'âme et le cœur du poète, qui sait en traduire et en faire
goûter les beautés ravissantes et les incomparables harmonies...   *(Le Journal de l'Indre.)*

Châteauroux.

.Dimanche dernier, à quatre heures, en présence de
notre illustre Archevêque et de l'élite de son clergé, devant
cet auditoire nombreux, distingué et attentif, qu'on est
habitué à trouver à Saint-Pierre de Bourges, M. l'abbé
Paul Malabat a ouvert la station de l'Avent. Cet apôtre,
dans toute la vigueur de l'âge et du talent, nous a révélé
un ensemble de qualités oratoires, qui, du premier coup,

lui ont conquis toute notre admiration. Oui, nous le disons avec joie, le brillant missionnaire a répondu à l'attente de tous. Il sait embellir sa pensée d'un style toujours noble, énergique et plein d'élévation. Il a de grands tableaux, des images vives et des mots qui peignent d'un seul trait. Doué de toutes les aptitudes pour la chaire sacrée, il soulève et entraine. Nous lui prédisons donc le plus complet succès...   *(Le Journal du Berry.)*

Bourges.

En vérité, la parole est une noble chose, puisqu'elle exerce de telles influences ! Il faut qu'elle soit, sous la création féconde de la pensée humaine, une puissance de premier ordre pour grouper de telles assemblées et exercer son grand prestige sur tant d'esprits d'élite ! Des multitudes de fidèles attendant que la parole arrive, que l'orateur se montre, et que, plaçant sous la majesté du Dieu créateur, Verbe et Sanctificateur, les élans rapides de sa pensée, il fasse son premier geste et dise son premier mot. Des foules apportant leurs enthousiasmes au pied de la chaire sacrée, et devant un apôtre, sorti tout à l'heure de son cabinet d'étude pour y rentrer dans un instant, loin des bruits du plaisir, de la gloire et du monde : voilà, à mon avis, l'hymne le plus magnifique à la louange de la parole. Le souverain est grand sur son trône, parce qu'il a le prestige de la puissance : mais l'orateur est plus grand dans la chaire, parce qu'il a, comme le souverain, le prestige de la puissance et de plus la majesté du talent, sinon même du génie ! Ces réflexions nous sont inspirées par les brillants succès de M. l'abbé Paul Malabat dans notre ville de Paray-le-Monial. Deux fois par jour, un auditoire immense vient recueillir avec avidité ses enseignements solides, élevés, sympathiques et entraînants. Son cadre de sermons est tout entier sur Jésus-Christ et sur l'Église. Et je puis ajouter qu'il le remplit avec une remarquable éloquence. Les preuves nouvelles dont il appuie nos dogmes chrétiens, saisissent toutes les intelligences, et y confirment ou y font naître les plus fortes convictions. Depuis bien des années, aucun prédicateur n'avait obtenu parmi nous le même éclatant triomphe...   (*L'Écho du Charollais.*)

Paray-le-Monial.

Nous recevons les meilleures nouvelles des prédications de M. l'abbé Paul Malabat, notre compatriote. L'infatigable et brillant orateur possède tous les droits à notre reconnaissance et à nos souvenirs. Nous n'avons pas oublié le remarquable discours du jour de l'Assomption ; et nous regardons ses éclatants succès comme un honneur pour notre pays des Landes.   Victor DELAROY,

Mont-de-Marsan.   Directeur du *Journal des Landes.*

M. l'abbé Paul Malabat poursuit avec un succès toujours croissant sa mission à Saint-Pothin. C'est bien l'apôtre sortant du silence et du calme de sa retraite, pour apporter au monde, de plus en plus distrait, le fruit de ses méditations. Il n'a rien de vulgaire. Doué d'une noble et belle physionomie, il possède, dans la chaire sacrée, la dignité que nous aimons à supposer dans les grands orateurs. Elle est vraiment bien éloquente cette apparition d'un prédicateur, tantôt calme et serein comme la Foi qui l'inspire, tantôt radieux et transfiguré comme la pensée pure et divine qui reluit dans tous ses mouvements et se reflète dans chacune de ses paroles ! Sa voix est puissante, souple, sympathique et persuasive. Dans le feu de l'action,

tout parle en lui, l'attitude, le regard et le geste. Il s'anime
il s'élève, il enthousiasme son auditoire, il l'émeut, il l'entraîne. Il dépeint, avec une rare perfection de style et un
art admirable. Il a surtout le talent de la vive impression.
Avec un charme infini et un parfait bonheur, il fait vibrer
tout ce qu'il y a de noble et de grand dans le cœur. Il
remue l'âme à volonté. Avec ces qualités, il n'est pas
étonnant qu'on l'admire et qu'on l'aime. Les fruits abon-
dants de salut qu'il produit, s'expliquent à merveille.
D'ailleurs, l'abbé Paul Malabat couronne et féconde son
éloquence par une modestie et une piété qui nous édifient
tous. Chaque matin, les personnes pieuses accourent
toujours en plus grand nombre à ses instructions et
viennent apprendre les secrets de bien vivre ou les meilleurs moyens de sanctifier la vie. Le soir, notre église,
quoique immense, ne peut contenir les foules qui s'y
pressent. Et devant cet auditoire profond et distingué, le
brillant missionnaire se maintient dans un ordre d'idées
digne de son remarquable talent. Dans de magnifiques
développements sur les mystères, sur Jésus-Christ, sur
l'Église et sur les sacrements, il sait sans cesse unir à la
science théologique la plus accréditée l'inspiration la plus
haute et l'onction la plus tendre. Il verse la lumière par
flots, et il saisit profondément les cœurs. Aussi, à
Saint-Pothin, et dans la ville entière, l'élan est général,
et tout fait présager un résultat complet...

(Le Journal de Lyon.)

Lyon.

Dans son premier sermon, à la Madeleine, M. l'abbé
Paul Malabat a parlé de la famille. Il a développé avec
magnificence et prouvé avec force que l'esprit de famille
est l'esprit chrétien, parce qu'il est un esprit de prière,
d'union et de sacrifice, tandis que l'esprit du monde est

l'esprit païen, parce qu'il méprise l'amour de Dieu, la vertu domestique et la pénitence. Il a ensuite dénoncé à son auditoire deux des plus redoutables ennemis de l'esprit de famille : les romans contemporains et l'éducation irréligieuse donnée à la jeunesse. Il a dit que les mauvaises lectures ternissent la pureté du cœur, y éteignent toute véritable tendresse et dégoûtent des joies et des devoirs de famille, en faisant rêver je ne sais quelles autres joies et quels bonheurs impossibles. Ces lectures attaquent en même temps l'esprit de Dieu et l'esprit de famille. Elles détruisent la Foi, comme elles gâtent le cœur. Puis, entrant dans le vif de son sujet, il a signalé l'apostolat domestique. Il a montré que les pères et mères ont l'obligation d'instruire et de faire élever chrétiennement leurs enfants. Et il a ajouté qu'on y manque aujourd'hui d'une manière si grave et si universelle que les familles et la société elle-même s'en trouvent compromises ! La première éducation que les enfants reçoivent au foyer domestique exerce sur tout le cours de leur vie une influence décisive. Ils peuvent s'égarer un instant, dans l'âge des passions ; mais ils reviendront ramenés par la puissance de leurs souvenirs, autant que par les prières et les larmes des mères ! Mais Dieu a aussi confié aux enfants chrétiens une aimable mission, au sein de la famille. Ils doivent faire revenir à Dieu leurs parents égarés. Vous dites qu'il n'y a rien à faire avec votre mère, avec votre père surtout ! Oh ! Je le jure, la main sur mon cœur, vous les calomniez ! Car ils sont bons, car ils vous aiment, car ils ont conservé plus de foi que vous ne croyez au fond de leur âme ! Où en est la preuve ? Oh ! la preuve, il y en a mille ! La preuve, c'est qu'il vous ont porté à l'église au lendemain de votre naissance ! La preuve, c'est qu'ils vous ont fait faire votre première communion !... Et l'apostolat de l'épouse chrétienne est

annoncé comme devant clore cette série de discours si
pratiques... Et enfin, l'ardent et éloquent missionnaire
promet de parler sur la morale indépendante, sur les
mystères et sur la sainteté. On le voit, il y a, dans ce programme, l'étude et le remède des principales plaies qui
travaillent, à cette heure, les individus, les familles et
la société moderne.   (*Le Monde.*)

Paris.

La chaire chrétienne compte un grand orateur de plus.
Nous avons nommé l'abbé Paul Malabat, qui, par son
remarquable sermon, prononcé, hier, dans notre cathédrale, doit être hardiment rangé parmi les plus brillants
de nos prédicateurs. Le Ciel ! tel est le sujet sur lequel s'est
exercée, durant une heure, l'éloquence vive et sublime de
l'abbé Paul Malabat. On peut dire sans crainte que l'orateur s'est surpassé. Tour à tour splendide, impétueux,
enthousiaste, toujours vrai, il a constamment tenu en ha-
leine son immense auditoire, ému, transporté et comme
suspendu à ses lèvres. Impossible de retracer ces grands
mouvements, ces nobles élans, qui ont si profondément
remué l'assistance ! Quel magnifique langage, brûlant de
vérité, dans lequel le prédicateur nous a fait, en traits
ineffaçables et sublimes, le tableau saisissant des misères
d'ici-bas, et des joies infinies de là-haut ! Quels contrastes !
Quelles peintures ! Quels accents de foi et d'espérance !
C'était un des plus beaux morceaux d'éloquence que jamais on ait entendu ! Aussi l'effet produit a été surpre-
nant ; et volontiers, si l'on avait osé, on aurait applaudi !
Pour être sainement et complétement jugé et apprécié,
notre orateur doit être entendu. Il a des qualités oratoires
hors ligne et des mérites exceptionnels. Voilà pourquoi
nous n'essayerons pas d'analyser son admirable sermon.
Nous disons seulement que Massillon n'en a pas de plus

beaux. Le Ciel ! le Ciel ! ce mot magique, par lequel l'abbé
Paul Malabat a terminé si dignement son discours gran-
diose, a été superbe et splendide de majesté et d'entrain.
On ne pouvait mieux dire ! Le Ciel apparaissait lumineux,
éblouissant aux regards des mortels, c'était le soleil après
l'orage, le phare après la tempête, le bonheur après la
souffrance, la vie après l'agonie et la mort ! C'était aussi
et surtout, l'aveu de l'espérance chrétienne ! c'était le cri
de foi de l'orateur ! et c'était le cri d'admiration de tous
ses auditeurs ravis et transportés !...   A***, avocat.

Amiens.   (*L'Écho de la Somme.*)

Nous apprenons que M. l'abbé Paul Malabat vient d'être
nommé curé de la belle et importante paroisse d'Escarbotin. Prêtre modèle, orateur distingué, il ne compte,
dans notre ville, que des amis et des admirateurs. Et si
nous félicitons Escarbotin de recevoir un pasteur d'un
aussi grand mérite, nous nous plaignons vivement de le
perdre. Ses succès à Amiens ont été, sous tous les rapports et constamment, complets. Nous l'accompagnons de
nos vœux et de nos sympathies...

(*Le Mémorial d'Amiens.*)

Amiens.

Le départ de M. l'abbé Paul Malabat, récemment nommé
curé de la petite ville d'Escarbotin, cause dans notre cité,
et particulièrement dans la paroisse de Saint-Remy, de
très profonds regrets. Par son talent, son zèle et sa piété,
ce digne prêtre s'était acquis l'estime et l'affection de
tous...   (*L'Écho de la Somme.*)

Amiens.

Notre ville est sur le point de perdre un de ses meilleurs
prêtres. M. l'abbé Paul Malabat, vicaire à Saint-Remy,

est nommé curé d'Escarbotin. Son zèle, sa piété et son
talent vont trouver à s'exercer dans une grande et magnifique paroisse, mais il n'en est pas moins vrai que la ville
d'Amiens va être privée d'un de ses plus brillants et aimés
orateurs, et d'un des ministres de Dieu les plus estimés et
les plus recherchés...   *(Le Journal d'Amiens.)*
    Amiens.

Heureux de récompenser sa piété, sa charité, son zèle
et son talent, Mgr l'évêque d'Amiens vient de nommer
M. l'abbé Malabat curé d'Escarbotin. C'est un prêtre du
plus complet mérite. Orateur de renom, il est très goûté
à Amiens, où il jouit de l'estime et des sympathies de tous.
Mais si son avancement cause une grande joie, son départ d'Amiens provoque d'unanimes regrets...
                                    (Le Gaulois.)
    Paris.

Le dimanche, 12 septembre 1880, à trois heures, commençait la cérémonie d'installation de M. l'abbé Paul
Malabat, curé d'Escarbotin. Une procession magnifique
s'était portée à la rencontre du vénéré pasteur. En tête
marchaient quatre tambours, suivis de huit sapeurs la
hache sur l'épaule. Puis venaient la croix et la bannière
de Saint-Hubert, patron de la paroisse, qu'accompagnaient,
en bon ordre, les enfants de chœur, les enfants des écoles
avec leurs oriflammes, les enfants de Marie, en blanc,
avec leur superbe bannière de Notre-Dame de Lourdes,
les musiciens, les pompiers en uniforme neuf, les chantres
et le clergé. Et après, s'avançaient M. le maire, les con-
seillers municipaux, M. le président et les honorables
membres du conseil de fabrique, et toute la population.
A l'entrée de la petite ville, M. le maire a adressé à
M. Paul Malabat un compliment de bienvenue, rempli de

cœur, d'éloquence et de patriotisme. M. le curé ayant
répondu d'une façon séduisante et sublime, la procession,
au milieu des chants de triomphe, des harmonies de la
musique et des détonations bruyantes et répétées d'une
compagnie de jeunes fusiliers, s'est aussitôt repliée vers
l'église, à travers les rues décorées et pavoisées de la jolie
petite ville. L'église était splendidement ornée et brillait
de toutes ses parures. En un instant, elle se remplit de
milliers de personnes. Et alternativement, les tambours,
la musique et les chants firent retentir les voûtes des plus
heureux accords. En proie à une émotion visible, le nouveau pasteur est alors monté en chaire et a prononcé un
premier discours, au milieu du plus profond et du plus
sympathique silence. Avec une rare éloquence, il a esquis-
sé à grands traits le portrait d'un ministre de Dieu, en
exprimant son désir de se dévouer corps et âme au bonheur de son peuple. S'inspirant de ces quatre mots qui
résument à merveille la mission du prêtre catholique :
docet, pascit, offert, regit, avec une admirable facilité et
une grâce exquise d'élocution, dans un style d'une pureté
et d'une élégance étonnantes, avec une incroyable hauteur
de vues, il a annoncé à ses paroissiens, si avides de le
voir et de l'entendre, que son unique ambition serait de
leur faire du bien, et, avec l'aide du Ciel, de réaliser, au
milieu d'eux, le type du bon pasteur. En faisant sa profession de foi, il a exposé le programme de son saint
ministère. Il a indiqué son drapeau, qui est celui de tout
prêtre de Jésus-Christ, selon cette parole d'un des plus
grands docteurs : la croix dans une main, et l'Évangile
dans l'autre ! Il a marqué son but : les âmes à aimer et à
conduire au ciel ! Et il a fait aussi connaître son moyen :
se faire tout à tous, pour les gagner tous à Dieu ! Le
prêtre, a-t-il ajouté, n'est pas un homme de parti ! Il est
l'homme de tous, et il se doit à tous ! Après son discours

remarquable et goûté, après ses remerciements aimables et gracieux pour le bon accueil reçu et pour la belle et touchante cérémonie de son installation, il a donné la bénédiction solennelle du Très Saint Sacrement ; et tout le monde s'est retiré la piété dans le cœur et la joie sur le front ! De l'un à l'autre, on se disait avec bonheur et avec enthousiasme : Nous avons un curé modèle et un prédicateur du plus brillant mérite !....

(Le Mémorial d'Amiens.)

D'Escarbotin.

~~~~~~~~~~~~

M. l'abbé Paul Malabat, notre nouveau Curé, n'a eu qu'à paraître pour conquérir l'affection de tous ses paroissiens, cette affection dont son cœur de père et de pasteur fait tant de cas, et que lui ont conciliée, dès les premiers instants, la douceur engageante de sa physionomie, l'affabilité et le charme de son sourire et l'éclat de son regard. Il a dû sentir le courant de sympathie, qui entraînait tout le monde vers lui. Et nous ne doutons pas que cette première journée passée au milieu de ses fidèles, ne lui soit le gage heureux d'un ministère très fécond... Si l'Église plane, dans sa sérénité, au-dessus de toutes les misères terrestres ; si elle est trop grande, par son essence, pour être touchée par les discussions des partis et les luttes des classes, il n'en est pas moins vrai qu'en ces temps difficiles et tourmentés, toutes les paroisses de France ont besoin de curés intelligents et forts, et qu'au milieu des tempêtes que nous traversons, la science du pilote peut préserver de bien des naufrages. Ce qu'on nous avait dit de M. l'abbé Paul Malabat nous faisait espérer que nous trouverions en lui ce chef, ce pilote expérimenté. Notre attente n'a pas été trompée. Et l'excellente impression qu'il a produite sur tous les habitants, nous permet d'affir-
~~~~~~~~~~~~

mer que notre nouveau curé sera le meilleur et le plus
aimé des pasteurs et des pères !...

(L'Écho de la Somme.)

D'Escarbotin.

Notre église, on peut le dire, est maintenant superbe.
Grâce à l'intelligence, au zèle, au bon goût et à la géné-
rosité de notre bien-aimé curé, elle s'est successivement
enrichie et ornée de très belles boiseries, de lustres magnifiques, de peintures murales, d'un admirable chemin
de croix et de vitraux splendides. Tout, dans son intérieur, est propre, élégant, riche et majestueux. Ses autels
et sa chaire sont vraiment remarquables. Ses sacristies,
agrandies, sont parfaitement installées et commodes. Et,
à l'extérieur, tous les murs ont été réparés. Son clocher
surtout a été transformé, et les verrières, qui le décorent
sur la grande façade, en achèvent la beauté. Notre curé
nous est très attaché ; mais nous le payons largement de
retour.

(L'Écho de la Somme.)

D'Escarbotin.

Notre paroisse a eu, dimanche dernier, la belle et touchante cérémonie de la première communion. Jamais cette
fête n'avait eu, parmi nous, un caractère plus consolant
et plus majestueux. Plus de cent cinquante personnes ont
accompagné à la sainte table leurs enfants ou amis. C'était
un spectacle imposant, admirable et heureux. Au milieu
des difficultés de l'heure présente, notre curé sait toujours, avec une prudence consommée, une délicatesse et
un tact infinis, parler et agir de manière à s'assurer l'estime et l'affection de tous. Écartant de ses discours et de
ses actes tout ce qui pourrait froisser ou être combattu,
notre distingué et bien-aimé pasteur veut que son langage
et sa conduite restent toujours à la hauteur de son saint

et sublime ministère. Sans entrer dans les luttes passionnées, il donne à un chacun, avec une aménité parfaite, les conseils les plus utiles et les leçons les plus salutaires. Jamais esprit plus large et cœur plus ouvert et meilleur. C'est vraiment le modèle et le plus vénéré des curés...

(Le Mémorial d'Amiens.)

D'Escarbotin.

Le mardi, 30 avril, Mgr l'Évêque d'Amiens a fait son entrée solennelle dans la ville d'Escarbotin. Le clergé, le maire, le conseil municipal, le conseil de fabrique, la compagnie des pompiers, la musique, les confirmands et une foule immense étaient allés à la rencontre de Sa Grandeur jusqu'à l'entrée du pays. Les nombreux arcs de triomphe, les maisons pavoisées, les rues jonchées de fleurs, et toute la population accourue joyeuse et empressée prouvaient à Monseigneur l'enthousiasme et la foi de cette excellente paroisse. Cette manifestation unanime et brillante toucha vivement Sa Grandeur. Complimentée par M. le Maire, Elle en témoigna, en quelques paroles pleines d'à propos et de cœur, toute sa satisfaction. Le lendemain, jour de la Confirmation, l'entrain fut encore plus grand. Avec la musique et les pompiers, tous les habitants étaient sur pied dès huit heures du matin, et entraient dans l'église en longue et splendide procession. La maison de Dieu était resplendissante. Parée de ses plus beaux et riches ornements, remplie d'une assistance compacte et recueillie, elle offrait un coup d'œil magnifique. Après l'office divin, notre éloquent et si digne curé adressa à Monseigneur un compliment magistral sur la mission de l'évêque, en faisant ressortir les vertus et les mérites éclatants de Sa Grandeur. Monseigneur répondit à cette allocution avec un tact, une délicatesse et une bienveillance admirables. Il félicita chaleureusement le pasteur et le trou peau. Par ses paroles aussi élevées qu'entraînantes, il toucha tous les cœurs. Mais il impressionna surtout et fit verser des larmes de bonheur, en faisant l'éloge mérité de Mgr Paul Malabat. En lui témoignant son estime, sa confiance et sa vive affection, il fit la joie et l'orgueil de tous les paroissiens. *(L'Écho de la Somme.)*

D'Escarbotin.

Il serait bien difficile d'énumérer tous les mérites de notre cher Curé. Son zèle est vraiment infatigable et son dévouement ne connaît pas de bornes. Sa piété éminente, sa vertu consommée nous édifient profondément. Ses charités sont des plus abondantes ; et les pauvres et les malades ont en lui le plus tendre des amis et le meilleur des pères. Que dire de son ardeur pour le salut des âmes ? et de sa merveilleuse éloquence pour les toucher et les gagner à Jésus-Christ ? C'est un apôtre ! et c'est un saint ! Aussi, jamais pasteur plus vénéré et plus aimé que lui ! Et, à vrai dire, nous sommes fiers, autant qu'heureux, de l'avoir et de le conserver ! En refusant les dignités ecclésiastiques, c'est-à-dire des cures plus importantes, et même l'épiscopat, il nous a prouvé son vif attachement ; mais en retour, nous sommes tous à lui !......

(Le Messager Eudois.)

D'Escarbotin.

Dimanche dernier, 14 octobre 1897, l'excellente paroisse de Sorel-le-Grand recevait son nouveau curé, Mgr Malabat. Plus de quatre mille personnes de la localité et des pays voisins ont assisté à cette installation. La grande réputation de Mgr Malabat l'avait précédé à Sorel-le-Grand et dans les environs, et avait attiré cet immense concours. La cérémonie a été des plus belles. L'intelligent et sympathique maire, M. Colombier, le conseil municipal,

les honorables membres du conseil de fabrique, la musique,
les compagnies d'archers et d'arbalétriers, les écoles avec
leurs dignes maîtres et maîtresses, toutes les petites filles
et demoiselles en blanc, les chantres et un chœur de chanteuses s'étaient portés à l'entrée du village à la rencontre
du pasteur désiré. De magnifiques arcs de triomphe déco-
raient les rues et la place, et toutes les maisons étaient
enguirlandées. A tous les compliments et discours de
bienvenue de M. le maire, du président de la fabrique,
du chef de chaque corporation et d'un élève des deux
écoles, Mgr Malabat a répondu avec un à propos, une
délicatesse, un charme et une élévation qui ont fait verser
des larmes et provoqué les applaudissements d'un profond
enthousiasme. Mais à l'église surtout, le bon et cher curé a
révélé tout son cœur, déployé toute son éloquence et ravi
et enchanté la nombreuse assistance. Il a conquis du
premier coup toutes les admirations et toutes les sympathies. Après la bénédiction du Très Saint Sacrement,
chacun s'est retiré heureux et fier d'avoir un tel pasteur.

(Chronique.)

Amiens.

Nous avons eu occasion de le dire, Sorel-le-Grand est
une des meilleures paroisses du diocèse. La population
est très riche et très chrétienne. L'église à trois nefs et
avec trois beaux autels, est garnie, dans le chœur et dans
le sanctuaire, de superbes boiseries sculptées et dorées.
Le presbytère, à côté de l'église, est vraiment magnifique :
c'est une partie de l'ancien château des marquis de Sorel,
dont le reste est affecté à la mairie et aux écoles.

Nous savons, d'autre part, que les offices religieux dans
cet excellent pays s'y accomplissent, tous les dimanches
et tous les jours de fêtes, avec beaucoup de pompe et une
très nombreuse assistance. Les solennités qui viennent

d'y avoir lieu, de la Présentation de la Sainte Vierge pour les femmes, de sainte Catherine pour les jeunes filles, de saint Éloi pour les hommes, de saint Nicolas pour les jeunes gens, et de saint Sébastien pour les archers et les arbalétriers ont été admirables. Voilà pourquoi nous comprenons que Mgr Malabat, qui a accepté cette paroisse pour s'y reposer de son long et fécond ministère, s'y trouve si heureux, et que Sorel-le-Grand soit si fier et si enchanté de son digne et bien-aimé pasteur.

(Chronique d'Amiens.)

Amiens.

De plus en plus, notre paroisse est dans l'enchantement. On ne sait qu'admirer et louer davantage du talent, du zèle et de la vertu de notre saint et distingué curé.

Mgr Malabat fait chez nous un bien considérable. Par ses prédications, ses réunions et ses divers offices, il entraîne et captive la paroisse. Il se dépense sans compter, et on peut dire que jamais curé ne s'est montré meilleur, et n'a plus fait pour sanctifier son peuple. A peu d'exceptions près, tout le monde a fait ses Pâques. A tous les offices, l'église est littéralement comble. Il est impossible de faire davantage pour la gloire de Dieu et le salut des âmes, et de mieux réussir. Aussi Mgr Malabat se plaît à Sorel-le-Grand, et Sorel-le-Grand est heureux et ravi de son pasteur.

(Le Journal hebdomadaire.)

Sorel-le-Grand. — Amiens.

Avec les solennités qui se succèdent, notre enthousiasme augmente, et la pratique religieuse devient, on peut dire, générale. Pendant le carême, le mois de Marie, l'octave du Très Saint Sacrement, le mois du saint Rosaire, et celui de novembre dédié aux âmes du purgatoire, nous

avons eu instruction chaque soir. Mgr Malabat est le curé
capable et modèle par excellence. Quand il s'agit de la
gloire de Dieu et du salut des âmes, rien ne lui coûte, et
il donne volontiers son temps, ses forces et sa vie. Aussi
toute la paroisse lui est-elle attachée, et répond-elle avec
empressement à tous ses pieux désirs. Les communions
se font de plus en plus nombreuses, les offices sont très
suivis, et il est vrai de dire qu'on se plait à l'église. Et tout
cela, grâce au talent, au zèle et à la vertu de notre cher
curé !   *(Chronique.)*

    Sorel-le-Grand. — Amiens.

Nous venons vous faire part de nos vives alarmes.
Mgr Malabat, notre digne et bien-aimé pasteur, est grave-
ment malade. Toute la paroisse est en larmes et en prière
pour demander à Dieu de nous conserver un aussi bon et
si parfait curé. Ses très nombreux amis et tous vos pieux
lecteurs voudront partager nos angoisses et prier avec
nous. Vous connaissez les qualités exceptionnelles et les
mérites éminents de Mgr Paul Malabat. Nous l'estimons et
nous l'aimons selon son grand talent et sa grande vertu.
Et voilà pourquoi nous faisons au Ciel les plus vives instances pour obtenir le rétablissement de sa chère santé,
et profiter encore de son zèle, de ses bontés et de sa direction. Il a fait ici l'œuvre de Dieu avec un plein succès, et
il a gagné toutes les âmes à la pratique de notre Religion.
                                                  (Chronique.)

    Sorel-le-Grand. — Amiens.

La paroisse de Sorel-le-Grand est tout entière dans la
joie. Elle vient de célébrer par une fête magnifique l'anni-
versaire de l'arrivée de son père et pasteur. Je dois dire le
meilleur des pères et le plus saint et le plus dévoué des

pasteurs. Je n'ai pas à faire son éloge. Autant que nous, vous avez su apprécier son zèle, son talent éminent et ses vertus parfaites. Ses paroles, dans cette circonstance, ont été des recommandations et des conseils que nous n'oublierons jamais. Avec son éloquence si chaude et si entraînante, il nous a redit nos devoirs de chrétiens, et a provoqué dans tous nos cœurs un plus ardent amour de Dieu et de la Religion. Émus et ravis, nous avons tous promis de suivre ses exemples et de nous montrer dociles à ses enseignements. Oui, bien cher et vénéré curé, nous voulons faire honneur à vos brillants mérites, et, avec vous, aller un jour au Ciel !...

UN PAROISSIEN FIDÈLE ET DÉVOUÉ.

Sorel-le-Grand.

Monsieur et très cher Chanoine,

J'ai l'honneur et la douce consolation d'envoyer à Votre Illustrissime Seigneurie, la lettre de M. le secrétaire de notre révérendissime chapitre, qui m'annonce votre heureuse réception en qualité de Chanoine d'honneur de notre insigne Basilique. Et voici les privilèges accordés aux révérends chanoines de la très sainte Basilique. Cape d'hermine, avec rochet, en hiver. Cape en soie rouge, pendant l'été. Rochet avec parements brodés et garnis en soie rouge. Soutane en drap violet, avec boutonnières et boutons en soie rouge. Bas violets, et gland de même couleur au chapeau. Croix quasi-épiscopale sur la poitrine avec un cordon en filet d'or et de soie noire ; et un gland de même couleur derrière le dos. Privilège du canon et du bougeoir. Si Votre Seigneurie Illustrissime le désire, je me ferai un très grand plaisir de lui faire faire le cordon d'usage par mes bonnes religieuses françaises. Et alors je vous adresserai ce cordon, avec la croix pastorale de chanoine d'honneur. Et si, un jour, la Sainte Vierge

13.

vous inspire de venir à Lorette, je suis déjà heureux de mettre ma maison à votre disposition. En attendant, je me réjouis de la mission que j'ai eu à remplir auprès de Votre Illustrissime et Révérendissime Seigneurie, et de vous avoir pour collègue dans l'insigne chapitre de Notre-Dame de Lorette...   † JACOB SCAGNOLI,

Lorette (Italie), le 23 avril 1883.   Chanoine et archiprêtre.

Noble et cher Chanoine,

C'est avec un véritable bonheur que je vous nomme chanoine d'honneur de l'insigne Basilique de Notre-Dame de Lorette. Connaissant vos mérites, votre piété, votre zèle, votre talent et vos vertus, il m'est bien agréable, d'accord avec votre illustrissime et révérendissime évêque d'Amiens, de vous en donner cette preuve d'estime et d'affection, et cette honorifique récompense. Mgr l'Archiprêtre et chanoine Scagnoli fait les démarches nécessaires pour vous obtenir, de ma part et de la part de Mgr votre évêque, le titre de Camérier de Sa Sainteté. En attendant, je suis heureux de vous assurer, cher chanoine, de mes sentiments les plus affectueux et les plus dévoués.

                    † THOMAS GALLUCCI,

Lorette (Italie), le 30 mai 1883.   Évêque de Récanati et de Lorette.

Cher et révérend Chanoine,

Je vous remercie des vœux et de la reconnaissance que vous m'exprimez d'une manière si charmante. En retour, je vous prie d'agréer mes meilleurs et affectueux souhaits. Et je m'estime de plus en plus heureux d'avoir honoré et récompensé, autant qu'il est en mon pouvoir, vos qualités et vos mérites, en vous nommant chanoine de l'Insigne et très sainte Basilique de Notre-Dame de

Lorette. Soyez persuadé que le vénérable chapitre s'associe, à votre égard, à tous mes sentiments...

† THOMAS GALLUCCI,

Lorette (Italie), le 5 janvier 1881.   Évêque de Récanati et de Lorette.

Nous lisons dans *Le Clairon* du 16 juin : « Les catholiques d'Amiens ont appris avec joie qu'un des prêtres les plus distingués du diocèse, M. l'abbé Paul Malabat, curé d'Escarbotin, vient d'être créé chanoine d'honneur de l'insigne Basilique de Notre-Dame de Lorette et prélat de Sa Sainteté. On dit que cet éminent ecclésiastique va être nommé évêque. » C'est avec un sensible bonheur que nous avons recueilli ces nouvelles, et que nous les portons à la connaissance de nos lecteurs, qui, comme nous, applaudiront aux hautes distinctions dont vient d'être honoré notre illustre et cher compatriote. Car M. l'abbé Paul Malabat est un enfant des Landes ; et nous faisons pour lui les vœux les plus sincères...   VICTOR DELAROY.

Mont-de-Marsan.   (*Journal des Landes.*)

Nous apprenons avec satisfaction que M. l'abbé Paul Malabat, l'intelligent et sympathique curé d'Escarbotin, vient d'être nommé camérier de Sa Sainteté et chanoine d'honneur de Notre-Dame de Lorette. Et, à cette occasion, nous sommes heureux d'offrir à cet ecclésiastique si méritant, que nous connaissons et que nous estimons, nos plus vifs compliments...   (*Le Mémorial d'Amiens.*)

Amiens.

Nous sommes heureux d'apprendre que M. l'abbé Paul Malabat, curé d'Escarbotin, qui a laissé à Amiens de si nombreuses et profondes sympathies, vient d'être nommé

chanoine d'honneur de Notre-Dame de Lorette et prélat
de la maison du Pape, avec insignes et privilèges. On
nous annonce en même temps que le nouveau chanoine
et prélat, si estimé et si aimé dans sa chère paroisse, a
fait don à son église, déjà si magnifique, de douze beaux
lustres d'un admirable effet. Et, en reconnaissance, tous
les habitants d'Escarbotin se préparent à faire à leur curé
une splendide fête...   *(L'Écho de la Somme.)*
    Amiens.

En récompense de ses longs et éminents services, dans
le ministère curial et l'exercice des missions, M. l'abbé
Paul Malabat, du diocèse d'Amiens, à la demande de son
évêque, vient d'être élevé à la haute dignité de chanoine
d'honneur de l'insigne Basilique de Notre-Dame de Lorette,
et de camérier de Sa Sainteté. Ces distinctions, justement
appréciées, couronnent avec éclat la vie si sainte de cet
apôtre plein de zèle et de ce curé modèle...
                    (Le Monde. — Le Gaulois.)
    Paris.

DISCOURS PRONONCÉ AUX NOCES D'ARGENT DE SACERDOCE
DE MGR PAUL MALABAT

Le Ciel lui avait largement départi les dons les plus
brillants de l'esprit et du cœur.

Dès ses plus jeunes années, il révéla une intelligence
hors ligne.

Élevé dans une atmosphère de piété, au sein d'une
famille très chrétienne, il témoigna, le jour même de sa
première communion, le désir d'être prêtre. Le vénérable
curé de sa paroisse lui donna des leçons de latin ; et, au

mois de septembre, il entra au petit séminaire, à Aire-sur-l'Adour.

Dans cette maison, renommée par la solidité de ses études autant que par l'esprit de foi qui l'inspira toujours, sous la protection et le regard maternel de la Reine du Ciel, cette jeune âme, appelée de Dieu, grandit promptement dans la science et dans la vertu, comme une plante qui se trouve dans le sol qui lui convient. Rarement on avait eu un élève d'un aussi grand mérite.

Ses classes terminées, il passa au grand séminaire de Dax. Là, il montra tant de goût et de succès pour les sciences ecclésiastiques, un esprit si supérieur, un jugement si sûr, une piété si profonde et si vraie, que ses maîtres émerveillés l'engagèrent à aller achever ses études à Paris, pour s'y préparer à l'enseignement et à la prédication.

Nommé professeur de philosophie, il conquit aussitôt, par l'élévation et la clarté de sa doctrine, et par la facilité de sa parole, des sympathies et une admiration de ses élèves qui subsistent encore.

Mais la vie de professeur convenait moins à cette constitution robuste et à cette nature faite pour une activité plus grande et plus expansive.

Mgr Paul Malabat renonça donc à l'enseignement pour se livrer à la prédication ; et il y apporta un talent remarquable et une éloquence vraiment exceptionnelle. On peut dire qu'il a été un des meilleurs orateurs de cette fin de siècle.

En lisant ses discours, on éprouve, dès la première page, une impression analogue à celle que l'on ressent en entrant dans une superbe église. Ce n'est pas un édifice vulgaire : il y a de l'élévation, des lignes harmonieuses, des proportions, de la majesté, de l'élégance et de la solidité. Tel est bien le caractère de ses innombrables sermons, où la pensée s'élève et se déploie, soutenue par une expression juste, délicate, brillante et abondante. Le prédicateur qui savait si bien parler, possédait la clef d'or avec laquelle il est donné à des privilégiés d'ouvrir, aussi souvent qu'ils le veulent, le sanctuaire de la vérité, et d'en faire briller à tous les yeux les sublimes trésors.

Mais quel était le secret de cette parole à la fois si facile et si belle ? C'étaient surtout les Épitres de saint Paul. Mgr Paul Malabat avait beaucoup étudié les Saintes Écritures. Semblable à l'abeille qui ramasse le miel en effleurant les corolles embaumées, il cueillait dans les textes sacrés la plus pure substance de la pensée divine. Il la gardait dans son excellente mémoire, et il s'en servait en temps opportun. Il s'était nourri des plus beaux enseignements de la foi et de la charité : *enutritus verbis fidei et bonæ doctrinæ.* Voilà la source de sa grande éloquence ! Élevée, animée par le Verbe divin, sa parole rendait magnifiquement le son du Ciel et de l'éternité.

Pour cette science, pour ces prédications, Dieu a des récompenses admirables. Car il est écrit que ceux qui auront été savants auront l'éclat du firmament, et que ceux qui enseignent la justice aux peuples brilleront comme des étoiles dans les éternités : *qui docti fuerint, fulgebunt quasi splendor firmamenti ; et qui ad justitiam erudiunt multos, quasi stellæ in perpetuas æternitates.*

Levons donc nos regards vers le Ciel ; la foi nous y invite. Nous y verrons, dans la splendeur divine, la place du prélat éminent, qui savait si bien prêcher, instruire les âmes et les sauver ! Et nous lui dirons : ô Père vénéré, vos enseignements ne seront pas perdus. Ils resteront notre lumière, notre force et notre consolation dans la route qui mène à Dieu et aux immortelles destinées !...

Mais la science n'est pas le tout du prêtre, surtout si ce prêtre doit être pasteur et gouverner une paroisse.

Car qu'est-ce que conduire et sanctifier un peuple chrétien ? C'est l'aimer, c'est se dévouer pour lui, et, par l'irrésistible puissance de la charité, l'entraîner dans les voies de l'Évangile. Si le prêtre n'aime pas son troupeau, il ne sera ni goûté ni suivi.

Avant de lui donner leur confiance, les fidèles étudient le pasteur, qui arrive au milieu d'eux. Et ce qu'ils cherchent avant tout à connaître, c'est son cœur. Ils comparent ce qu'ils entendent de sa bouche et ce qu'ils voient de ses actions avec l'idéal de bonté qu'ils se sont fait d'un ministre d'une religion toute de charité.

Qui de nous, après avoir lu les pages sacrées du Nouveau Testament, ne s'est dit au fond de l'âme : Si Jésus vivait encore sur la terre, j'irais vers Lui, j'oserais l'aborder ; je lui dirais toutes mes pensées, mes désirs, mes sentiments, mes aspirations, mes souffrances. Je n'hésiterais même pas à lui faire l'aveu de mes péchés. Puis, je me jetterais à ses pieds, et je les baignerais de mes larmes. Et, j'en suis sûr, sa main divine me toucherait, et me relèverait jusqu'à son cœur pour me bénir et pour me pardonner.

Voilà l'impression que nous ressentons en ouvrant les pages qui racontent les paroles et la vie du Sauveur. La bonté de Jésus en fait le charme surnaturel par le divin rayonnement dont elle les illumine. Cette douceur, qui évite d'achever le roseau à demi brisé, et n'éteint pas la mèche qui fume encore : cette tendresse du bon Pasteur qui connaît ses brebis, les appelle et les nourrit ; ce dévouement avec lequel il rapporte au bercail la brebis égarée : tous ces traits d'ineffable charité resteront à jamais gravés dans les âmes chrétiennes comme la loi de toute vie sacerdotale. On veut que le curé ressemble, par la bonté surtout, au Maître divin dont il prêche la doctrine.

Or, cette qualité du vrai pasteur, Mgr Malabat la possédait à un rare degré. Aux yeux de ceux qui le connaissaient, elle dominait en lui tous ses autres mérites.

Oui, bon, excellent, il l'était par nature ! Mais la grâce avait encore ajouté ses richesses à ce premier trésor. Et, tandis que penché sur les livres sacrés il en gravait dans son esprit les sublimes doctrines, il sentait que son cœur battait à l'unisson avec le Cœur de Jésus-Christ ; et il apprenait à compter pour rien son repos et sa vie, quand il s'agissait de bien et du salut d'une âme !

Il était tout à tous, pour les gagner tous à son Dieu. Sa parfaite simplicité mettait à l'aise tous ceux qui l'abordaient. Grands et petits, riches et pauvres, savants et ignorants pouvaient lui parler sans crainte. Il se faisait toujours leur confident et leur ami sincère. En dehors des occupations de son saint ministère, il consacrait son temps à l'homme qui avait besoin de ses sages conseils, à l'âme brisée qui venait chercher une consolation, à l'enfant qui désirait ses utiles instructions, et au pauvre qui sollicitait ses plus larges aumônes.

Tous rencontraient un bienveillant accueil ; et pour chacun Mgr Malabat avait le sourire et la parole qui allaient droit au cœur.

En présence de l'épreuve, du malheur et de l'infortune, il ne pouvait rester insensible. Ses yeux se mouillaient de larmes, quand il entendait la plainte de l'un de ses enfants visité par l'affliction ; et on pouvait dire de lui ce que les Juifs disaient du bon Maître à propos de Lazare : « Voyez comme il l'aimait ! » Oui, Mgr Malabat avait un cœur de prêtre ! toujours tendre, toujours compatissant et toujours généreux.

Bon, il l'était avec ses confrères. Souvent, ils lui demandaient pour leurs fêtes le concours de sa parole ; et jamais ils n'étaient éconduits. Dans cette disposition à rendre toujours service, fallait-il voir simplement l'heureuse abondance d'un talent inépuisable ? Non, il y avait autre chose qui mérite davantage nos louanges, c'était cette inclination à obliger, que saint François de Sales constatait en lui-même, et qui lui faisait trouver moins de difficulté à composer un sermon qu'à le refuser.

Son rêve, son désir était de faire de sa paroisse une famille où régnât la paix avec la joie. Il y entretenait l'union la plus intime par toutes les attentions de son esprit et toutes les délicatesses de son cœur.

Aussi, comment un homme de ce caractère n'eût-il pas rencontré des sympathies et des admirations ? Il en trouva d'universelles.

Et il était heureux, en voyant son fidèle troupeau conserver les antiques traditions de foi et de piété qui font l'honneur d'une paroisse ! Il était heureux, en constatant que toutes les œuvres fleurissaient et se développaient au milieu de son peuple ! Il était heureux, en voyant progresser l'éducation et l'instruction de ses nombreux enfants ! Il était heureux et fier de sa magnifique église, dont il ne cessait de poursuivre la décoration et l'embellissement !

Mais il y a pour la vie de l'homme, comme pour le sol qui nous porte et nous nourrit, différentes saisons.

Il y a le printemps, où se produit une merveilleuse germination de toutes nos facultés. Les espérances, les désirs, les rêves de bonheur se succèdent en foule. Une illusion ne disparaît que pour faire place à une autre qui nous charme davantage. Dans l'âme, où il semble que tout est fleur et parfum, il y a comme des voix mélodieuses qui ne cessent de chanter.

Et cependant, cette première saison nous paraît longue ; car il nous tarde d'arriver à la riche moisson de l'été. Mais l'été venu, nous nous apercevons que c'est l'heure des travaux, des fatigues, des sueurs, et déjà nous sentons la lassitude nous envahir et nous déconcerter.

Voici l'automne. La lumière est moins vive ; le soleil, arrivé plus vite au bord de l'horizon, essaie de prolonger le regard qu'il nous envoie comme un dernier adieu ; les objets nous ravissent beaucoup moins, parce que nous ne les revêtons plus de nos séduisantes illusions ; les fleurs ont disparu, ou tout au moins leur parfum et leur éclat se sont évanouis.

C'est l'hiver. La terre dépouillée se couvre de glace et de neige. Ainsi, la tête inclinée du vieillard n'a que des cheveux blancs, et sur ses traits s'étend un voile de tristesse.

Comment, en effet, ce vieillard ne serait-il pas triste ? Son cœur a tant de fois été cruellement blessé ! tant de ses plus douces et meilleures espérances ont été déçues ! et il a tant souffert dans ses plus chères affections !

Son corps est brisé de fatigue. Ses membres commencent à s'engourdir. Ses yeux n'ont plus la force de bien discerner les objets. Il étend le bras comme pour se guider dans sa marche incertaine, et de sa main qui tremble, il croit pressentir les rivages d'au delà. Il est triste et silencieux parce qu'il voit que le jour va finir. Et la nuit qui s'avance lui fait peur.

Cependant, il y a dans le christianisme, et, en particulier dans l'état ecclésiastique, des vieillards qui ont la fraîcheur de la pensée et la joie paisible du cœur, comme au printemps de leur vie. En les voyant ces beaux vieillards, on est saisi de respect et de vénération. A les entendre parler de la mort, il est évident qu'ils vont vers les demeures éternelles avec le calme du père de famille qui rentre, le soir, à son foyer. Ils ont toutes sortes de conseils et d'encouragements à donner aux plus jeunes. Arrivés au terme de leur pèlerinage, ils se plaisent à indiquer les écueils dont est semée la route qu'ils viennent de parcourir. Dans leur âme, il n'y a que de l'intérêt et de l'affection pour tous ceux qui les suivent !

Est-ce que ce n'est pas là l'image et le portrait de Mgr Paul Malabat ?

Il fut doux envers tous. Ceux qui le visitaient, le trouvaient avec son sourire et son bienveillant accueil. Les textes de la Sainte Écriture, qu'il étudiait toujours, venaient, dans la conversation, se placer comme d'eux-mêmes sur ses lèvres, pour exprimer ses pensées de foi et ses sentiments de complet abandon à la volonté de Dieu.

C'était dans les régions de la piété la plus vive et la plus éclairée qu'il puisait cette force d'âme et cette sérénité en face du labeur.

Mais il connaissait deux autres sources de paix et de tranquillité. Il priait. Après avoir récité son bréviaire, souvent ses doigts égrenaient le Rosaire ; et, dans ces prières, il trouvait une suavité qui lui faisait oublier ses travaux.

Et il offrait, chaque jour, le très saint Sacrifice. La sainte Messe était son grand bonheur.

Ah ! qu'il est beau de contempler le prêtre vieilli s'approcher de l'autel d'un pas mal assuré, et prendre l'hostie sainte d'une main débile et tremblante ! Quand il sentira dans son cœur le Dieu de sa première Communion et de sa première Messe, il supportera mieux ses peines et ses maux ! Il apprendra à unir son sacrifice à celui du Calvaire, et à saluer la croix, à l'accepter, l'aimer et la bénir !

Oui, bénir la souffrance et le travail, c'est là vraiment l'esprit sacerdotal, c'est la transfiguration de la vie, c'est le triomphe de la grâce et le gage assuré des éternelles récompenses !

Celui qui s'élève à cet amour de la volonté divine a

droit à nos éloges. Celui-là est un saint. Louons donc
Mgr Malabat, honorons ses exemples, imitons ses vertus,
et dans le Ciel, où son âme est assurée d'entrer, nous
lui demanderons d'intercéder pour nous !!!   *(La Revue.)*

A MONSEIGNEUR PAUL MALABAT

Chanoine de Notre-Dame de Lorette, prélat de Sa Sainteté,
missionnaire apostolique et curé.

Pour Dieu ! que ces deux mots, si courts et si profonds,
Renferment en eux seuls de divines leçons !
Ils savent adoucir l'amertume des larmes,
Donner, même à la croix, des attraits et des charmes !

Pour Dieu !... c'est un levier aussi puissant que fort,
Qui peut soulever l'âme, et, d'un sublime effort,
La détacher ainsi de cette pauvre terre,
Où tout n'est que douleur, fragilité, misère !

Il les avait compris, ces mots mystérieux,
Celui dont les regards ne voyaient que les Cieux !
Humble, zélé, pieux, imitant son bon Maître,
Ministre du Seigneur, en tout digne de l'être,
Il a passé, laissant un parfum parmi nous,
Que ces belles vertus rendent encore plus doux !

En Dieu tout abîmée, son âme était si pure !
L'austérité régnait si bien sur sa nature,
Qu'on aurait dit plutôt un des Anges du Ciel,
Revêtant parmi nous la forme d'un mortel !

En Dieu, tout son amour, sa foi, son espérance,
Sa force, son bonheur, son calme en la souffrance !
En Dieu, tous ses désirs. Car Dieu seul de son cœur
Connaissait les secrets et la sainte grandeur.

Ah ! que n'est-il donné de comprendre sur terre
Ce que les cœurs des Saints renferment de beautés !
Un jour, nous les verrons, au sein de la lumière,
Étinceler, en Dieu, de célestes clartés !

A Dieu toujours fidèle, âme ferme et soumise,
Fils très respectueux de sa Mère l'Église,
Il se faisait honneur d'obéir à sa loi,
Et de montrer ainsi son amour et sa foi !
Éprouvant sa douceur, les brebis égarées
Revenaient au bercail. Et les fêtes sacrées
Voyaient, au saint banquet, plus d'un pauvre pécheur
Mêler ses pleurs joyeux à ceux du bon pasteur !

A Dieu son cœur ardent, pendant le Sacrifice,
Offrait avec ferveur le céleste Calice !
Qui pourrait dire alors, sinon le Séraphin,
Témoin de ce colloque amoureux et divin,
Tout ce qui se passait, à cette heure bénie,
Entre le Dieu d'amour et son âme ravie !

Mais laissons ce passé, tout cher qu'il soit aux cœurs,
Et qui ravive encore la source du bonheur !

A Dieu !... Pourquoi faut-il que ces mots soient funèbres ?
Pourtant, c'est le grand jour, qui succède aux ténèbres !
A Dieu !... c'est le souhait que l'on fait aux amis,
Lorsqu'ils portent leurs pas vers de lointains pays !

A Dieu !... non ce n'est point le cri de la tristesse !
Pour l'âme du chrétien, c'est la sainte promesse
Qu'à Dieu nous retournons !

CONCLUSION

C'est ici du troupeau le pasteur et le père.
Il vous donna sa vie, il vous donna son cœur.
O vous tous qu'il aima, par votre humble prière,
Obtenez son entrée au séjour du bonheur !

—◆❦◦:◦◦❦◆—

LISTE CHRONOLOGIQUE DES CURÉS DE SOREL-LE-GRAND

DEPUIS L'AN DE NOTRE-SEIGNEUR 1657

1657 17 janvier	M. Véret	24 avril 1661
1662 15 octobre	M. Langlois	1663
1663 7 novemb.	M. Jacques Magis	7 janvier 1676
1676 22 février	M. Jean Fourrier	30 octobre 1676
1676 25 décembre	M. Laurent de Serre	6 février 1696
1696 19 février	M. Nicolas Aubry	19 avril 1707
1707 12 mai	M. Chocq, curé de Fins.	
1707 19 mai	M. Philippe, Cordelier, à Péronne.	
1707 5 juillet	M. Nicolas Dehées	3 décembre 1708
1709 17 janvier	M. Lefranc	29 novembre 1716
1717 21 janvier	M. J.-B. Josse	27 avril 1718
1718 21 mai	M. J.-E. Gernez	4 janvier 1739

Il a été inhumé dans le chœur de l'église.

Et, en 1722, le 16 août, bénédiction de trois cloches.

1739 Du 1er janvier au 28 février, la paroisse a été desservie par M. Baudelot, doyen rural, curé de Nurlu, et M. Ducastel, curé d'Heudicourt.

1739 5 mars   M. Pierre Bellier   27 avril 1751
Il a été inhumé dans l'église.

1751 14 novembre M. Jacques Coquelle   7 janvier 1790
Il a été inhumé dans le cimetière.

1790 7 mars   M. Stanislas Coquelle   14 juin 1791
1791 19 juin   M. Mascré   21 décembre 1792

LA RÉVOLUTION

1803 26 septembre M. F. Boury   3 pluviôse an 13
                                       3 janvier 1805
1805 3 juillet   M. Delévaque   29 juin 1822
1823 1ᵉʳ janvier   M. Pécoul   12 août 1827
1827 19 août   M. J.-B. Piteux   31 octobre 1873
   Il a été inhumé dans le cimetière.
1873 11 décembre M. Camille Renard   21 août 1897
1897 17 octobre   Mgr Paul Malabat, chanoine de Notre-
   Dame de Lorette, prélat de Sa Sainteté, missionnaire
   apostolique, curé de Sorel-le-Grand, pour se reposer
   de son long et fécond ministère.

— ✦•:o:•✦ —

516-01. — Impr. des Orph.-Appr., F. Blétit, 40, rue La Fontaine, Paris.